MA
VIE JUDICIAIRE.

MA
VIE JUDICIAIRE

PAR

M. Edouard SERVAN DE SUGNY,

ANCIEN PROCUREUR DU ROI

Près le tribunal de première instance de Nantua,

NOMMÉ JUGE A CELUI DE MONTBRISON,

Place qu'il n'a pas acceptée.

LYON.

IMPRIMERIE ET LITHOGRAPHIE DE Veuve AYNÉ,
Grande rue Mercière, 44.

1847

Toujours on a calomnié, toujours on a persécuté. Le monde ne change pas.

Dans les premiers temps du Christianisme, un honnête homme, appelé Athanase, avait été dénoncé comme ayant coupé la main à un évêque du nom d'Arsène. Un Concile fut assemblé à Tyr, pour juger l'accusé. Celui-ci s'y présenta, accompagné de l'évêque, qui était enveloppé d'un grand manteau. Là, Athanase s'adressant au prélat:

« Veuillez, lui dit-il, lever vos mains !...
A moins que la nature ne nous en ait
donné trois, je dois être innocent du crime
dont on m'accuse. »

L'homme calomnié fut renvoyé absous.

Moi aussi j'ai été dénoncé pour avoir
coupé la main, non à un évêque, mais à
la Justice, dont j'aurais mal dirigé l'action
dans l'étendue de ma compétence, privant
ainsi la société des bienfaits qu'elle était
en droit d'en attendre ; mais, moins heureux qu'Athanase, j'étais frappé avant
même d'avoir pu songer à produire une
défense analogue à la sienne.

C'est donc au public, ce suprême tribunal de recours des opprimés, que j'en
appelle aujourd'hui de la sentence si préci-
pitamment rendue contre moi.

J'amène à sa barre cette Justice qu'on m'accuse d'avoir mutilée, et je lui dis de même : « Levez vos mains, afin qu'on voie si je vous en ai coupé aucune ! »

J'espère, devant cet autre Concile, être également justifié.

MA
VIE JUDICIAIRE.

Examinez ma vie, et voyez qui je suis.
Racine.—Phèdre.

I.

Lorsque , vers le milieu de novembre 1845 ,
parvint à Nantua , où depuis près de dix années
j'exerçais les fonctions de procureur du Roi , la
première nouvelle de mon déplacement ou de ma
disgrâce, car c'est tout un, il y eut dans la population
un mouvement qui , j'ose le dire, me fut favorable.
Tout le monde en effet témoigna sa surprise d'un
événement qu'on ne savait comment expliquer , et
beaucoup de personnes en furent même affligées.
J'en reçus l'assurance de la bouche des nombreux
visiteurs qui voulurent bien se présenter à mon
domicile ; c'est-à-dire de la ville tout entière , à

fort peu de chose près. Des hommes honorables de la localité avec lesquels j'avais lié une connaissance plus intime, de véritables amis, me pressèrent de leur dire à quelle cause j'attribuais ce qui venait de m'arriver, et je me hâtai de leur répondre que, relativement à cette cause même, je l'ignorais, rien dans ma conduite de magistrat n'ayant jamais dû m'attirer les rigueurs du pouvoir, au contraire; mais que, quant à l'homme qui avait provoqué auprès du gouvernement la mesure dont j'étais l'objet, je pouvais le leur indiquer d'une manière positive, que c'était M. Piou, procureur-général près la Cour royale de Lyon.

A ce nom, tous mes interlocuteurs se récrièrent à la fois.

— « Mais ce n'est pas possible, dirent-ils, vous aurez été trompé à cet égard; M. le procureur-général ne peut pas avoir agi contre vous, lui que nous avons entendu à ce dîner que vous lui offrîtes et où, par parenthèse, vous nous fîtes boire de si bons vins, vous adresser les compliments les plus flatteurs, vous traiter de magistrat capable, distingué, vous cajoler enfin. C'est un autre, à coup sûr, qui aura été l'auteur de votre disgrâce.

— « Non, Messieurs, non, leur répondis-je, c'est M. Piou et M. Piou seul qui m'a fait révoquer ou, ce qui revient au même, envoyer dans une résidence que je connais trop pour y avoir été, six mois consécutifs, malade à mourir de la fièvre du pays, mais où je ne remettrai pas les pieds, je vous le certifie; car, en le faisant, je croirais me rendre coupable devant Dieu d'une espèce de suicide.

— « Dites plutôt, Monsieur, qu'on voulait vous sacrifier; mais il faut réclamer, il faut faire le voyage de Paris; là, vous exposerez vos raisons au ministre, vous lui direz tout ce qui s'est passé, et justice vous sera rendue.

— « Messieurs, leur répondis-je avec émotion, je vous remercie de l'intérêt que vous me témoignez, et je vous en garderai bon souvenir; mais permettez-moi de ne pas suivre l'avis que vous m'ouvrez. Il y a dans la vie de tous les hommes, grands ou petits, célèbres ou ignorés, un moment solennel où il semble que le ciel même les invite à prendre un parti définitif. Ce moment est arrivé pour moi. Bien que jeune encore d'âge, je me sens déjà affaissé sous le poids non des affaires, mais des hommes, et puisqu'ils m'ont mis à l'écart, il convient que j'y reste. Qu'irais-je d'ailleurs faire encore dans une carrière qu'on a injustement brisée sous mes pas au lieu de m'y donner, sans que je le demandasse autrement que par mes services, un avancement qu'on n'a pas refusé à tant d'autres moins méritants que moi ?... Pardonnez, Messieurs, cette expression qui serait inconvenante de la part de tout autre que de celle d'un disgracié et que la force de la vérité m'arrache. Oui, l'on m'a méconnu; eh bien! je cesserai de me vouer au service de la chose publique qui, je crois, n'a pas eu à se plaindre de moi, et je vivrai désormais pour moi-même et pour mes amis, au nombre desquels je vous assigne une place distinguée ; ce sort-là, après tout, en vaut bien un autre. »

On m'exprima alors des regrets sur ma retraite prématurée, mais sans plus chercher à combattre une détermination qu'on voyait si bien arrêtée en moi; néanmoins, on me conseilla d'écrire une espèce de factum ou exposé de ma conduite, qui prouvât au public que ma disgrâce n'avait aucun motif sérieux, mais provenait uniquement de l'irritabilité d'un seul homme.

Ce dernier avis était bon, et je promis de le suivre. Mais au moment de me mettre à l'œuvre, je réfléchis que ce n'est pas lorsque l'injure est toute chaude qu'il convient d'en parler, à moins qu'on ne veuille se livrer à des récriminations et à des attaques que m'interdirait ici le seul sentiment de ma dignité personnelle. Je quittai donc aussitôt la plume, avant même d'avoir jeté une seule ligne sur le papier, mais sous la réserve tacite de la reprendre plus tard.

Depuis cette époque, une année bien pleine est tombée dans le gouffre éternel; c'est avoir assez attendu, je pense.

Aujourd'hui donc que personne ne s'occupe plus
de l'ex-procureur du Roi de Nantua , aujourd'hui
que la rumeur soulevée dans les rangs de la magistrature du ressort par la mesure acerbe qui , ayant
pesé sur moi , devenait une menace pour d'autres
magistrats amovibles , est complètement apaisée ,
et qu'on ne saurait plus me soupçonner d'obéir à la
passion en revenant sur cette vieille affaire , je vais
réaliser l'excellente idée de mes amis. Je donnerai
toutefois des proportions plus larges à l'écrit qu'ils
m'engageaient à mettre au jour , et au lieu de n'y
reproduire que les circonstances relatives à l'événement en question , je me propose de raconter
ma vie judiciaire tout entière. On juge mieux en
effet d'un homme par son portrait en pied que par
son buste ou par sa silhouette.

N'est-ce pas d'ailleurs , et abstraction faite de ma
position particulière , un devoir impérieux pour
celui qui a été investi de fonctions publiques de
se rendre compte à lui-même , au moment où il
en sort , de la manière dont il les a remplies ?
C'est la conscience , c'est la voix de Dieu qui lui
en impose le devoir ; car plus la responsabilité
humaine a été engagée , plus il importe à l'être
intelligent et libre sur qui elle pèse de la voir se
dépouiller des obscurités qui pourraient encore la
masquer à ses propres yeux , afin qu'il se découvre
lui-même ici-bas tel qu'il apparaîtra un jour à

l'éternelle justice , et ce n'est que par l'examen de chacun de ses actes qu'il pourra en venir à bout. Eh bien ! cet examen , je vais le faire en prenant pour confidents tous ceux qui daigneront me lire.

II.

Au commencement de l'année 1825 , je causais un soir , au coin du feu , avec M. le duc de La Rochefoucauld-Liancourt , chez lequel je me trouvais alors. Il me disait avoir autrefois connu un de mes parents qui a inscrit son nom dans les fastes de l'éloquence judiciaire , Michel Servan , avocat-général au Parlement de Grenoble , et il me racontait différentes particularités à son sujet. Tout-à-coup , comme par une soudaine inspiration , il me demanda s'il n'entrait pas dans mes intentions de me vouer à la magistrature, qui lui semblait être ma carrière naturelle. Je lui répondis qu'ayant fait mon cours de droit , sauf qu'il me restait un dernier examen et ma thèse à subir , j'étais apte à cette honorable profession ; j'ajoutai que j'avais hésité à l'embrasser , mais que , d'après ce qu'il venait d'avoir la bonté de me dire, toute incertitude avait cessé pour moi. Il me loua de cette résolution, dans laquelle il m'engagea à persévérer, et nous nous mîmes à parler d'autre chose.

Un des plus doux souvenirs de ma vie est celui des relations intimes que j'eus, à cette époque de ma vie, avec l'homme vénérable que je viens de nommer. J'étais bien jeune alors, et lui bien vieux; mais cette différence d'âge ne servait qu'à mieux cimenter les sympathiques rapports qui existaient entre nous; c'était comme un père et un fils. Hélas! vingt-un ans ont coulé depuis ce temps-là, et j'ai appris à mes dépens que tous les hommes ne ressemblaient pas au duc de La Rochefoucauld-Liancourt !

Je me hâtai de prendre mes grades à la Faculté de droit de Paris, et fis ensuite mes diligences à la chancellerie pour obtenir un poste de juge-auditeur. Bien que gratuites, ces places étaient alors aussi recherchées que le sont aujourd'hui celles de substitut, et la raison en est simple : elles donnaient également accès à la magistrature, dont elles étaient non-seulement le marche-pied, mais encore l'école préparatoire. Des hommes d'un libéralisme étroit et peu éclairé commençaient déjà à s'élever contre cette institution, qui a croulé à l'aurore de la révolution de juillet, en expiation de crimes qu'elle n'avait pas commis, mais dont on la supposait sans doute intention-nellement coupable. Cependant elle manque aujourd'hui, au dire de tous ceux qui sont compétents en cette matière ; car l'art de rendre la justice ne s'apprend pas en un jour , et la pratique y est plus indispensable encore que dans les autres carrières où l'on remarque des surnuméraires et même jusqu'à des aspirants surnuméraires. Modifiée dans ce qu'elle avait de défectueux , à savoir la faculté accordée au ministre d'envoyer ces jeunes magistrats dans tel siége que bon lui semblait , et de briser ainsi la majorité des tribunaux , cette institution eût pu réaliser une véritable utilité sociale.

Quoi qu'il en soit, au surplus, à l'aide de quelques recommandations, en tête desquelles je dois placer avec reconnaissance celle que m'accorda mon oncle maternel, feu M. Meaudre , alors député de la Loire , je parvins au but de mes désirs , mais non immédiatement , car plusieurs concurrents , premiers en date de postulation , devaient être pourvus avant moi. Enfin, une ordonnance royale du 10 janvier 1827 me conféra le titre de juge-auditeur dans le ressort de la Cour royale de Lyon , et un arrêté ministériel m'attacha au Tribunal de première instance de Gex.

Me voilà donc lancé dans cette carrière qu'un sage bien intentionné m'a conseillé de suivre ! Y serai-je heureux ou non ? Au temps à le décider.

Au bout de deux ou trois semaines données à

ma famille , que j'avais le bonheur de revoir après
une assez longue séparation , je me rendis à mon
poste. C'était une existence toute nouvelle que je
commençais , non-seulement à cause de mon
emploi , mais encore parce que je devenais hôte
d'une petite ville située à l'extrême frontière de la
France, du côté de la Suisse , dont elle affecte les
mœurs et les usages. Le pays de Gex , qui fit autrefois partie de la confédération helvétique, puis
de la Savoie , avant d'être acquis à la France
par Henri IV, en 1601, a conservé en effet sa phy-
sionomie et ses habitudes primitives. Les soins à
donner aux troupeaux, la confection des fromages
et d'autres occupations analogues , remplissent
particulièrement l'esprit et les heures des habitants
de cette petite contrée qui , assise sur le flanc
oriental du Jura , forme ce beau jardin anglais ,
tant admiré des voyageurs, et auquel la nature
assigna pour limite le lac Léman et pour encadre-
ment la majestueuse chaîne des hautes Alpes. On
se tromperait fort cependant si l'on s'imaginait
qu'il y a de leur part incapacité de se livrer aux
idées spéculatives du jour , et d'aborder les grandes
questions politiques et sociales qui ailleurs boule-
versent tant de têtes ; non , ce serait pour eux chose
extrêmement facile , car une conception vive et
prompte semble être leur partage ; mais leur pen-
chant n'est pas là , et ils font bien de ne pas le

forcer pour se rendre malheureux. Quand on vogue
sur une mer tranquille , a-t-on intérêt à y appeler
la tempête et les orages ?

Le bon accueil que je reçus de ces quasi-Helvé-
tiens me fut très-précieux , et je me surpris même
à désirer de fixer mon séjour parmi eux , tant
l'aspect de la simplicité de mœurs et des vertus
antiques impressionne favorablement celui qui
vient de voir et de juger les hommes de l'extrême
civilisation ! Lyon et Paris m'avaient possédé
jusque-là , et Gex l'emportait de prime-abord dans
mon esprit sur ces deux fameuses cités : c'était sans
doute pour moi un avertissement d'en-haut qu'une
affection intime , destinée à se transformer en lien
sacré , jetterait plus tard la dernière moitié de mon
existence, celle que désertent les illusions pour laisser la place libre aux déceptions et aux chagrins,
dans ces contrées aimées du ciel, où l'on respire
un air si pur et si rafraîchissant , où l'on vit pour
soi-même et pour ses amis , oubliant la méchan-
ceté humaine et les injustices dont elle est la
source.

Peu chargé d'affaires par suite de la faible étendue
du territoire soumis à sa juridiction, le Tribunal
de Gex fut toujours, en revanche , un de ceux où
la justice fut rendue avec le plus d'intelligence et
de discernement ; c'est un fait qui ne trouverait
peut-être pas un seul contradicteur dans le ressort

de la Cour de Lyon. Un pareil siége convenait donc parfaitement à un débutant, pour qui l'essentiel est, non pas de voir beaucoup de procédures passer sous ses yeux, mais d'en examiner avec soin le mécanisme et de pouvoir suivre les phases diverses qu'elles doivent parcourir, en s'aidant, dans ce travail, des conseils et de l'expérience de magistrats déjà anciens dans la carrière. Or, c'est là justement ce que je trouvais à Gex. Aussi, me livrai-je avec ardeur à des fonctions qui avaient du charme pour moi, en ce qu'elles m'offraient la réalisation des idées que je m'étais faites autrefois sur l'importance et la dignité de la magistrature. Régler les différends des hommes entre eux et punir les infractions aux lois, c'est-à-dire être l'arbitre légal de ses semblables et le protecteur du faible contre le fort, ce rôle est beau en effet et capable de séduire quiconque, dans l'exercice des emplois publics, préfère la considération au profit. On a dit quelquefois que la magistrature était la noblesse moderne, à cause surtout de l'ascendant qu'elle exerce sur les populations, et ce mot n'est pas sans vérité.

L'occasion me fut offerte de m'initier aux tristes mais nécessaires formalités de l'instruction criminelle, car on me chargea de quelques graves affaires que j'informai de mon mieux, et au sujet desquelles j'eus la satisfaction d'être complimenté par le président et par le procureur du Roi de ce siége. Toutefois, je gémis de voir à quel déploiement de rigueurs la société est forcée d'avoir recours pour assurer les biens et la vie du plus grand nombre de ses membres contre les entreprises de quelques-uns d'entre eux. Dans la jeunesse, à cet âge des illusions et de la générosité, on est si porté à croire tous les hommes bons et justes, qu'on est fâché de voir l'appareil des châtiments réservés au crime qui vous paraît presque une chimère ; mais en avançant en âge on change bien là-dessus.

J'avais à peine passé un mois à Gex, que déjà une décision du garde-des-sceaux me transférait, avec mon même titre, au siége de Saint-Etienne, soit à l'autre extrémité du ressort. Si j'avais pu douter combien était mobile le corps de l'auditorat auquel j'avais l'honneur d'appartenir depuis bien peu de temps, je l'aurais certes appris par cette mesure qui, d'ailleurs, était tout à mon avantage, puisque je me voyais attaché au Tribunal le plus important du ressort après celui de Lyon.

Je me disposais à partir pour ma destination, lorsque arriva, par les feuilles publiques, la triste nouvelle de la mort de mon illustre protecteur, M. le duc de La Rochefoucauld-Liancourt, dont quinze jours encore avant j'avais reçu une lettre. Qu'on juge de la douleur que je dus éprouver, surtout lorsque je lus la relation de ses funérailles où s'étaient passées des scènes si déplorables, si scandaleuses (1) !.... Ainsi , au premier pas que je faisais dans la carrière de la magistrature , je voyais disparaître l'homme respectable qui m'y avait en quelque sorte poussé. Mais , hélas ! une autre perte , plus cruelle encore , m'attendait à quelques mois de là !.... Je commençais le douloureux apprentissage de la vie réelle.

III.

Rendu à Saint-Etienne , je devins partie inté-grante d'une chambre temporaire qui , par ordonnance du 16 octobre 1826 , avait été adjointe au Tribunal de cette ville pour l'expédition des affaires arriérées ; je dis partie intégrante , parce qu'une nouvelle ordonnance royale m'attribuait le titre de *juge* à cette chambre , qui avait pour président

(1) Disgracié par le gouvernement de la Restauration avec lequel il s'était mis en opposition au sujet des prisons de la Seine, dont on avait voulu soustraire le régime intérieur au contrôle des inspecteurs (il en était un), M. de Liancourt resta jusqu'à la fin de sa vie en suspicion auprès du pouvoir. Lors de son enterrement, dont les cérémonies religieuses eurent lieu à l'église de l'Assomption, à Paris, les jeunes gens de l'école des arts et métiers, qu'il avait créée et longtemps dirigée, voulurent enlever son cercueil de dessus le corbillard pour le porter eux-mêmes ; mais la police s'y opposa ; les jeunes gens résistèrent et , dans cette triste lutte , le cercueil tomba par terre et se brisa. C'est dans cet état qu'il fut transporté à Liancourt pour être déposé dans une chapelle construite d'avance, par les soins du duc lui-même , au milieu de son parc , et où je suis allé pieusement m'agenouiller le 28 octobre 1830.

un magistrat distingué, M. Verne de Bachelard, alors conseiller-auditeur, aujourd'hui conseiller à la Cour royale de Lyon. Il a été depuis député du Rhône et membre du conseil général de ce département, qu'il a souvent présidé. Des infirmités précoces l'ont malheureusement atteint, et, sans rien ôter à la force ni à la vivacité de son esprit, ont été cause qu'il n'a pu toujours rendre à la chose publique des services aussi effectifs qu'il l'aurait désiré. Son premier assesseur était M. Bayon, juge au Tribunal de Saint-Etienne ; moi je venais ensuite.

Rude était notre tâche. Près de douze cents causes, et des plus majeures encore, en retard d'être jugées, appelaient nos continuels, nos incessants efforts pour recevoir une solution attendue par de nombreuses parties intéressées. Je dois le dire, aucun de nous trois ne faillit à son utile mission, et notre ardeur allait s'accroissant à raison des obstacles à vaincre. « On peut ce qu'on veut ; » ce dicton proverbial semblait être devenu notre devise. Aussi commencions-nous nos audiences dès sept heures du matin pour ne les terminer qu'à une ou deux de l'après-midi, et cela à peu près tous les jours de la semaine ; car, bien qu'il n'y eût que trois audiences de fixées, nous en donnions souvent d'extraordinaires. Telle affaire, par exemple, prenait huit ou dix jours de plaidoiries qui avaient lieu en dehors des audiences consacrées , afin de ne pas déranger l'ordre du rôle. Il y avait ensuite de fréquentes réunions des magistrats dans la chambre du conseil , pour discuter et arrêter les jugements, dont la rédaction était confiée à chacun de nous tour à tour. A ces occupations quotidiennes, qu'on ajoute la taxation des états de frais , la direction de nombreuses procédures d'ordre ou de contribution en qualité de juge-commissaire , les enquêtes , et enfin tout ce qu'on désigne sous le nom de travaux de l'hôtel , et l'on verra combien nos heures étaient laborieuses. Il était difficile , qu'il me soit permis de le déclarer ici après un intervalle de dix-neuf années , il était difficile de mieux remplir le but que le gouvernement s'était proposé en créant une chambre temporaire à Saint-Etienne , celui de décharger le Tribunal de son arriéré.

Ici se place le plus grand sujet de douleur qu'il m'ait été donné de ressentir depuis que je suis sur cette terre.

J'étais allé passer les féries dans ma famille, à Simandres , maison de campagne située près de Vienne en Dauphiné. Tout semblait d'abord m'y sourire et me promettre un agréable repos après les fatigues de ma judicature gratuite. Ce qui me charmait le plus de cette réunion, c'est que personne de nous ne manquait à l'appel ; la mort avait oublié de passer par là. Mon père, ma mère, mon frère, l'élégant traducteur de Théocrite, ma sœur et son mari avec leur jeune fils, tout s'y trouvait, et en parfait état de santé encore..... Quelques semaines ne s'étaient pas écoulées que déjà une tombe s'ouvrait comme pour en annoncer d'autres dans la même famille, hélas! bien réduite aujourd'hui. C'était celle de mon excellent père, de cet homme rare en qui j'ai perdu le meilleur des amis, le plus dévoué des protecteurs. Une cruelle dyssenterie, due à un refroidissement subit, l'emporta en peu de jours, à un âge où je pouvais espérer de profiter longtemps encore de ses conseils et de jouir de ses embrassements. Mais Dieu est le maître ; la vie et la mort sont entre ses mains !...

Ces tristes vacances finies, il me fallut aller reprendre mon poste à la chambre temporaire de Saint-Etienne.

Vers le milieu de l'année 1828, le personnel de cette chambre éprouva une modification. M. Verne de Bachelard nous quitta pour entrer à la Cour de Lyon comme conseiller en titre, et M. Bayon fut nommé président de la chambre temporaire dont je devins dès-lors second juge.

L'impulsion donnée par M. Verne à la marche des affaires fut loin de se ralentir après son départ, car nous avions à cœur de prouver que, si nous perdions des lumières, notre courage du moins ne s'en était pas allé avec notre ancien président.

En janvier 1829 surgit un incident qui fit du bruit, non-seulement dans la localité, mais encore beaucoup plus loin, et l'on peut même dire dans la France entière, puisque la tribune de la Chambre législative en retentit à plusieurs reprises. Voici ce qui arriva :

Le président de la chambre temporaire fut obligé de s'absenter pour aller remplir ses devoirs électoraux à Montbrison. Lui parti, je pris naturellement sa place, étant, comme je l'ai dit plus haut, premier après lui ; j'appelai, pour compléter le Tribunal, un juge-auditeur attaché à la première chambre, et les audiences n'interrompirent point leur cours. Toutefois, un avocat, Me Smith (1), crut devoir arguer d'illégalité la constitution du Tribunal. Il est bon de dire qu'il avait un rôle dans une importante affaire qui venait d'être appelée pour la plaidoirie, autrement je n'aurais pas permis qu'il vînt, de son chef et sans intérêt à

(1) Voilà plus de seize ans que j'ai perdu de vue M. Smith, mais j'ai appris par la voix publique qu'il était devenu successivement procureur du Roi à Saint-Etienne, membre de la Légion-d'Honneur et du conseil général de la Loire, et enfin conseiller à la Cour royale de Riom. Sous le ministère de M. Dufaure, il fut nommé secrétaire de la commission supérieure des chemins de fer, qui a posé les fondements de notre législation en cette matière. Aux élections de 1846, il a lutté honorablement, à Saint-Chamond, contre M. Mathon de Fogères, qui n'a passé député qu'au troisième tour de scrutin, dit de ballottage. M. Smith est un homme d'intelligence et de cœur ; la discussion que nous eûmes autrefois ensemble ne saurait m'empêcher d'être juste à son égard.

défendre , attaquer l'autorité de magistrats assis
sur leurs siéges. Mais on sait qu'il est permis à
l'avocat chargé d'une cause de plaider l'incom-
pétence ou de demander la récusation du tribunal
ou de la cour devant laquelle elle est portée , et
c'était bien de quelque chose de semblable qu'il
s'agissait ici , puisque , sans contester notre droit
individuel de rendre la justice , l'avocat voulait
établir que nous ne pouvions la rendre ainsi constitués. Enfin , nous fûmes tous trois d'avis qu'il
convenait d'entendre Me Smith sur la question
préjudicielle qu'il soulevait , et la parole lui fut
donnée à cet effet.

Il parla longtemps, et bien, il faut le dire. Après
un début des plus convenables , remontant à l'origine des juges-auditeurs , qui étaient une des créa-
tions de l'Empire , il représenta ce corps comme
une superfétation de la magistrature qui exigeait
une complète indépendance dans chacun de ses
membres pour pouvoir se concilier le respect et la
confiance des populations. Avec une adresse de bon
goût, il eut soin de mettre les personnes absolument en dehors du débat, et nous fûmes tous, moi
surtout , l'objet d'allusions aussi flatteuses que
délicates de sa part. Quant à l'institution même
à laquelle nous appartenions , elle fut moins bien
traitée par l'avocat , et il se laissa même quelquefois
aller à des mouvements oratoires qui pouvaient

paraître un peu vifs, comme par exemple lorsqu'il avança qu'un tribunal entièrement formé de juges-auditeurs n'était à ses yeux qu'*une commission*. Le défaut de traitement devait être pour ces jeunes magistrats un motif de plus de chercher à se rendre agréables au pouvoir dont ils attendaient tous leur avenir et quelques-uns même leur existence. Inamovibles, mais non immobiles, ils pouvaient être changés de siége à la volonté du ministre, qui avait ainsi la faculté d'improviser des tribunaux là où il lui plaisait d'en jeter. Cette institution était donc de nature à devenir une arme dangereuse entre des mains mal intentionnées, et il fallait en restreindre plutôt qu'en augmenter les attributions. Se résumant enfin, il conclut à ce que nous nous déclarassions irrégulièrement constitués, et nous abstinssions de juger.

Une très vive agitation suivit ce plaidoyer, auquel une foule nombreuse assistait.

Nous entrâmes immédiatement dans la salle des délibérations, où nous restâmes une demi-heure environ, occupés plutôt à peser les expressions de notre jugement qu'à en arrêter la base, puisque tous trois nous avions dès l'abord pensé en nous-mêmes qu'il n'y avait pas lieu de nous récuser.

L'huissier ayant, suivant l'usage, annoncé à haute voix notre rentrée dans le local des audiences, un grand silence s'établit dans le public et dans le barreau, et tout le monde prêta l'oreille à la décision qui allait intervenir. Alors, je prononçai le jugement, qui contenait trois ou quatre considérants, dont le principal était basé sur l'article 39 du décret organique du 20 avril 1810 (1) ; le dispositif portait que « le Tribunal, » en se déclarant régulièrement constitué, retenait » l'affaire et ordonnait qu'il fût immédiatement » plaidé au fond. »

Ensuite, m'adressant à l'avocat : « Le Tribunal, » dis-je, a cru devoir, dans une question qui lui » était toute personnelle, laisser une grande lati- » tude à la discussion du défenseur des syndics. » Toutefois, il a vu avec peine que, dans certaines » parties de sa plaidoirie, Me Smith se soit écarté » de cette modération qui sied si bien à un membre » du barreau, et dont il avait lui-même souvent » donné l'exemple. »

(1) Cet article est ainsi conçu : « Si les circonstances exigent qu'il soit formé des sections temporaires dans un tribunal de première instance, ces sections le seront par un règlement d'administration publique; elles pourront être composées de juges, de *juges-auditeurs* ou de suppléants. »

Quant à l'article de cette même loi auquel les juges-auditeurs devaient leur existence, c'était l'article 13, qui portait : « Il sera... établi des juges-auditeurs qui seront à la disposition du ministre de la justice, à l'effet d'être envoyés par lui pour remplir, lorsqu'ils auront l'âge requis pour avoir voix délibérative, *les fonctions de juge* dans les tribunaux composés de trois juges seulement. Ils ne pourront pas être envoyés dans les tribunaux composés d'un plus grand nombre de juges. »

Le Tribunal de Saint-Etienne était, il est vrai, composé de plus de trois juges, mais une ordonnance du 19 novembre 1823 (art. 9), avait levé la prohibition contenue dans l'article ci-dessus, et dès-lors la composition de la chambre temporaire se trouvait légale.

Alors les plaidoiries sur le fond du procès commencèrent pour se prolonger durant une dixaine d'audiences, car il s'agissait d'intérêts considérables à régler entre un sieur Mouly de Latour-Varan et environ quatre-vingts concessionnaires de mines du bassin houillier de Saint-Etienne. Tous les avocats du barreau, ou à peu près, furent entendus; quant à M⁰ Smith, il se retira.

IV.

Dès le lendemain, le *Mercure Ségusien*, journal de la localité, rapporta l'événement judiciaire dont il vient d'être question, en citant presque *in extenso* le discours de M⁰ Smith. Il y ajouta des observations peu favorables à l'institution des juges-auditeurs, sur laquelle il appela des réformes dont l'expérience, suivant lui, venait de constater l'impérieux besoin. Bientôt la presse de Lyon exploita la nouvelle avec plus d'âpreté encore, j'entends la presse de l'opposition, à la tête de laquelle marchait le *Précurseur*. Les journaux de cette ville, rédigés dans le sens gouvernemental, s'imposèrent une grande réserve à ce sujet; néanmoins, il était facile de juger qu'eux-mêmes n'étaient guère partisans de l'institution à laquelle j'appartenais. Quant aux feuilles

publiques de Paris, elles se ruèrent en quelque sorte
sur cet incident , comme sur une pâture qui manquait à leur appétit quotidien, et , plusieurs jours,
ce fut la matière de leur ardente polémique. La
plupart d'entre elles, notammentle *Constitutionnel* et
le *Courrier Français* en firent un motif d'attaques contre le gouvernement de la Restauration, qui, suivant
eux , n'avait pas même respecté ce qui constitue la
plus sûre garantie des citoyens contre l'arbitraire
du pouvoir , la magistrature , au sein de laquelle il
n'avait pas craint d'introduire des espèces de janis-
saires ou de séides. Je relate ceci pour montrer
combien l'esprit de parti peut quelquefois égarer
des hommes d'ailleurs sensés au fond ; car n'était-
ce pas, je le demande , tomber dans l'absurde que
de tenir un pareil langage ?

Je gardai d'abord le silence ; mais, comme
bientôt quelques journalistes en vinrent jusqu'à
altérer les faits , afin de pouvoir critiquer avec
plus d'apparence de raison la conduite que j'avais
tenue , j'écrivis à la *Gazette des Tribunaux* une
lettre qu'elle inséra dans ses colonnes et qui les
rétablissait dans toute leur vérité. Cela n'empêcha pas toutefois la guerre contre moi et contre
mes collègues de continuer sur ce sujet dans
les journaux quelque temps encore, mais je ne
m'en inquiétai plus ; il me suffisait effectivement
d'avoir obtenu l'approbation des gens calmes et

impartiaux tant de la magistrature que du monde ;
le reste m'était devenu indifférent.

Cependant, l'affaire Mouly étant arrivée au point
de recevoir une solution , je m'occupai avec
mes deux collègues du jugement à rendre ; et ,
comme il y avait beaucoup de parties en cause ainsi
que plusieurs chefs de demande et des intérêts
opposés , ce n'était pas besogne faite d'avance à
coup sûr. Nous nous réunîmes donc à plusieurs
reprises en chambre du conseil pour dépouiller les
pièces de cette volumineuse procédure , et dès que
le jugement fut arrêté , j'en commençai la rédaction
qui me coûta quatre jours et deux nuits de travail.
Je payai , comme on voit , les honneurs de la présidence , honneurs que du reste je n'avais aucune-
ment recherchés , mais que j'avais acceptés comme
un devoir de position. C'est ce qu'avec un peu de
justice et de bonne foi auraient dû comprendre
ceux qui m'attaquèrent si violemment à cette
époque ; mais il était sans doute dans ma destinée
de voir mes bonnes intentions méconnues et mes
services imputés à faute ; car , sous ce rapport,
j'ai fini ma carrière judiciaire comme je l'avais
commencée , avec cette différence pourtant qu'en
dernier lieu c'est le pouvoir lui-même qui m'a
accablé.

Ce ne fut pas , au surplus, la seule occasion que
j'eus de présider le Tribunal de Saint-Etienne , et

M. Bayon étant, quinze jours après, tombé malade,
je m'assis plusieurs fois encore au fauteuil. En
cela , je le répète , je ne fis que remplir conscien-
cieusement le mandat dont m'avait honoré la confiance royale ; c'est en m'y refusant que je l'aurais
trahi.

M. Courvoisier, alors procureur-général à Lyon,
me loua de la fermeté que j'avais déployée dans la
circonstance , et à laquelle s'étaient associés mes
deux collègues, MM. Dorier et Perraud ; il ne me
dissimula pas cependant que l'institution des juges-
auditeurs était peu de son goût, mais « dans quelque
» armée qu'on serve , ajouta-t-il , il faut se con-
» duire en bon soldat , et vous l'avez fait. » Cet
éloge, d'une forme assez originale, comme on voit ,
ne laissa pas de me flatter.

Quelques mois s'écoulèrent , et , comme il arrive
toujours , le retentissement causé par cette affaire
s'apaisa peu à peu pour céder la place à d'autres
préoccupations plus fraîches. Tout-à-coup les
journaux rapportent qu'une pétition a été adreseée
à la Chambre des députés par le sieur Mouly de
Latour-Varan , au sujet de la sentence rendue par
les juges-auditeurs de Saint-Etienne. Aussitôt la
curiosité de se réveiller plus vive que jamais , et
les personnes, même les plus étrangères à la magistrature et au barreau , de se passionner pour ou
contre une question qu'elles ne comprenaient

probablement pas , du moins dans toute son étendue.

La nouvelle était vraie. Le 27 juin 1829 , la Chambre élective eut à délibérer sur la pétition du sieur Mouly , laquelle évidemment avait été rédigée par une main plus exercée que la sienne. Le rapporteur fut M. Girod (de l'Ain) , qui , après avoir exposé les faits et signalé lui-même les vices de l'institution des auditeurs , conclut , au nom de la commission , à ce que cette pétition fût renvoyée au garde-des-sceaux ainsi qu'au bureau des renseignements.

Le ministre , de son côté , promit de préparer un projet de loi sur la matière , dans le but de satisfaire au vœu général , et le double renvoi fut prononcé. C'était l'arrêt de mort de l'auditorat judiciaire.

Il faut le dire , M. Dupin aîné , le grave procureur-général actuel de la Cour de cassation , ne fut pas un de ceux qui , à cette époque , s'éleva avec le moins de virulence contre une institution que peut-être aujourd'hui ne traiterait-il pas si mal ; aujourd'hui que , placé au sommet de la hiérarchie judiciaire , il apprécie mieux l'utilité de chacun des rouages secondaires qui font mouvoir cette administration. Il est probable qu'il se contenterait de demander qu'elle fût dotée de plus d'indépendance , et que ses membres cessassent d'être assimilés aux anciens juges chevaucheurs qui promenaient Thémis sur les grandes routes ; mais qu'il ne se montrerait pas adversaire absolu d'un noviciat qui déjà , par son absence , provoque les méditations de nos hommes d'État, désireux de son rétablissement (1).

Tout cela n'était pas fort encourageant pour moi, l'on en conviendra , et si je trouvai dans un élan de gaîté , qui succéda à un vif sentiment d'amertume , l'inspiration nécessaire pour rimer une plaisanterie qui courut la France entière et se grava en partie dans la mémoire de hauts personnages (2), j'ose réclamer ici , pour cette débauche d'esprit , un peu d'indulgence de la part des magistrats haïsseurs

(1) Dans la séance de la Chambre des députés du 5 juin 1829 , à l'occasion du budget du ministère de la justice , M. Dupin me reprocha « d'avoir osé accroître mon autorité au point de présider le Tribunal de Saint-Étienne avec mon titre mobile , avec mon titre voyageur, avec ma compétence mal définie. » Il ne faisait donc pas attention qu'en agissant autrement j'aurais manqué à mes devoirs et causé un grand préjudice aux justiciables dont les procès auraient longtemps langui sans solution. Je livre cette remarque à M. Dupin d'à présent.

(2) Je veux parler ici des *Tribulations d'un Juge-auditeur*, épître légère que je composai sur la provocation du président du Tribunal de Saint-Étienne, feu M. Teyter , qui se reconnut par un excellent dîner, auquel tout le Tribunal assista, de la mise en œuvre de son idée. Cette bluette eut d'autant plus de succès qu'on s'était davantage occupé de l'événement qui y avait donné lieu. Des réponses y furent faites , notamment une très-spirituelle, en vers aussi, par M. de Morgues, juge-auditeur à Saint-Flour; et lorsque je me rendis à Paris, en août 1830 , je fus agréablement surpris d'entendre plusieurs de mes vers dans la bouche d'hommes distingués que je ne connaissais nullement. M. Dupont (de l'Eure) lui-même , alors ministre de la justice, en avait retenu quelques-uns , et ma pièce l'avait beaucoup fait rire, disait-il.

des vers qui , sans passer par les mêmes épreuves
que moi , sont allés plus vite et plus loin dans leur
carrière. Les gens heureux devraient savoir par-
donner quelque chose à ceux qui ne le sont pas.

V.

L'esprit d'équité qui dirigeait M. Courvoisier,
de regrettable mémoire, le porta plus tard , alors
qu'il fut arrivé aux sceaux, à récompenser en moi
une conduite qu'il avait louée comme procureur-
général , et par ordonnance du 10 octobre 1829 ,
je me vis appelé au poste de substitut du procureur
du Roi près le Tribunal de première instance de
Roanne.

Cette nouvelle position était de mon goût , car
l'exercice de la parole m'a toujours paru constituer
la plus belle part des fonctions du magistrat. Pour
peu qu'on se sente d'énergie au cœur et de facilité
d'élocution , on doit désirer, suivant moi , de pouvoir communiquer aux autres , dans la solennité
de l'audience , les sensations intimes dont on
est pénétré , la manière dont on envisage une
cause , les impressions bonnes ou mauvaises qu'on
a reçues en écoutant les plaidoiries des avocats , enfin
tout ce que le juge éprouve intérieurement sans

avoir la faculté de le manifester au dehors. Et dans les affaires criminelles , quel beau quoique pénible rôle à jouer ! Au nom de la société outragée , appeler sur la tête du coupable les punitions qu'elle réserve à ceux qui lui déclarent la guerre, et le forcer, par la puissance de la logique , de l'éloquence aussi quand on en a , dans ses derniers retranchements ; transporter en quelque sorte son auditoire sur le théâtre du crime pour lui en faire connaître toute l'horreur et justifier d'avance les conclusions sévères qu'on sera bientôt forcé de prendre; être, en un mot, la bouche de la loi après en avoir été l'œil et la main; voilà ce qui , en rendant l'exercice du ministère public plus difficile encore que celui de la magistrature assise, le fait rechercher des esprits jeunes et hardis qui veulent payer leur dette à la chose publique le plus largement possible (1).

Dans cette disposition d'esprit , je vis non-seulement sans m'effrayer , mais encore avec joie, les nombreuses occupations qui m'attendaient au parquet de Roanne , dont le chef, âgé et infirme , ne pouvait guère qu'indiquer à son subordonné la marche qu'il voulait qu'on y suivît , sans être en

---

(1) L'ambition est bien aussi quelquefois le mobile secret des magistrats qui demandent à se vouer aux fonctions du parquet, parce qu'ils savent que là se trouvent le plus d'occasions de *se montrer* , comme on dit , et de faire son chemin ; mais ce calcul d'intérêt personnel me semble peu louable de la part d'hommes qu'on voudrait croire uniquement occupés des intérêts les plus sacrés du pays.

état d'agir par lui-même. Il est vrai que , sortant
de Saint-Etienne , tout fardeau , si lourd fût-il ,
devait me paraître léger. J'étais un peu dans le cas
de ces anciens coureurs aux pieds desquels on
mettait d'abord des souliers de plomb pour les
rendre plus prompts à la course dès qu'ils en
seraient débarrassés.

Le jour même de mon installation , j'eus une
singulière visite. C'était celle d'un comte de C......,
homme riche des environs de Roanne , et fort
connu par son invincible horreur pour tout ce qui
tenait aux institutions modernes. Il la poussait au
point de regarder comme non avenus les faits , les
événements , j'allais presque dire les lois , posté-
rieurs à la révolution de 1789. A peine descendu
d'un brillant équipage : « Monsieur le magistrat,
» me dit-il en m'abordant , je viens vous demander
» justice d'un acte qui m'a étrangement blessé ;
» on a attenté à *mon droit de chasse* , et ce qui me
» peine le plus , c'est que c'est un homme de rien,
» un chétif *procureur* qui s'est permis d'abuser
» ainsi à mon égard des libertés que le régime
» nouveau semble autoriser ; oui , Monsieur , il a
» eu l'audace de tuer un lièvre sur mes terres ,
» mais j'espère trouver dans les magistrats la pro-
» tection qui m'est due , et je réclame *une puni-*
» *tion exemplaire* contre le sieur M.... »

Etonné d'un tel langage , je répondis à M. de

C........ que je n'avais point encore reçu le procès-verbal constatant le délit dont il se plaignait, mais qu'en admettant même ce délit comme parfaitement établi, celui qui l'avait commis n'était passible que d'une simple amende, aux termes de l'art. 1er de la loi du 30 avril 1790, et non d'*une punition exemplaire*, ainsi qu'il eût pu l'être sous l'empire des anciennes lois de la monarchie française.

— « Ces lois-là étaient les bonnes, Monsieur, » répartit vivement le comte, et il est fâcheux » qu'on les ait abolies.

— » Nous pourrions, Monsieur, différer d'avis » à cet égard, lui répondis-je aussitôt, mais ce » n'est pas le lieu de discuter la chose. Tout ce » que je puis vous dire, c'est que je donnerai à » l'affaire dont vous venez de m'entretenir les » suites dont je la croirai légalement suscep- » tible. »

Mon visiteur se retira là-dessus, mais non sans répéter entre ses dents que l'ancienne législation contre les chasseurs valait mieux que la nouvelle, qui était toute révolutionnaire.

Le lendemain matin, je reçus par la poste le procès-verbal annoncé, lequel avait eu pour rédacteur le garde particulier des propriétés de M. de C...... Il constatait que M. M...., avoué à Roanne, chassant, avec un port d'armes en règle, sur un fonds à lui appartenant, mais se trouvant sur son extrême limite, avait aperçu un lièvre mené par ses chiens et l'avait ajusté au moment où il entrait sur le terrain de M. le comte. C'était là une circonstance atténuante, s'il en fut jamais, mais M. de C....... ne le considérait pas ainsi. Quoi qu'il en soit, le lièvre était resté sur la place, et l'adroit tireur l'avait mis dans sa carnassière avec d'autres pièces de gibier.

Après avoir exigé, suivant l'usage, que M. de C....... se constituât partie civile, je fis donner assignation à M. M.... pour la première audience correctionnelle. Lorsque les formalités préliminaires de la lecture du procès-verbal et de l'interrogatoire du prévenu eurent été accomplies : « Messieurs, dis-je au Tribunal, le législateur moderne a maintenu par une sanction pénale l'ancienne défense de chasser sur le terrain d'autrui sans sa permission, et il a bien fait, car la plus grande protection est due à la propriété, cette base première de tout ordre social ; mais il eût méconnu l'esprit de son siècle si, s'inspirant de vieilles idées féodales, il eût constitué, au profit de quelques individus, un *droit de chasse* qui eût été refusé au plus grand nombre. C'eût été un contresens politique rendu plus frappant encore pas la promulgation de cette Charte que nous avons le bonheur de posséder ; mais heureusement qu'il n'a pas commis cette faute. Le droit de chasse n'existe donc point absolument, étant accessible à tout citoyen français qui veut ou peut payer la somme de 15 francs, prix d'un port d'armes, en sorte que, s'il y a quelqu'un de privilégié en ceci, c'est le fisc, qui a tant d'autres priviléges d'ailleurs. »

J'ajoutai encore quelques considérations critiques sur la rigueur des peines qui atteignaient autrefois les contrevenants aux règlements sur la chasse, peines qui étaient communément les galères, et en certains cas la mutilation ou la mort, et j'applaudis aux adoucissements que le temps et la raison publique avaient apportés à la législation en cette matière. C'était, comme on voit, réfuter de tout point les singulières doctrines émises devant moi par le comte de C......., et qu'il avait eu soin de reproduire en partie dans ses conclusions motivées. Je finis toutefois par requérir contre le prévenu la condamnation à l'amende de 20 fr., à laquelle il fut en effet condamné. Quant aux dommages-intérêts de 10,000 fr. (quelle somme pour un lièvre !) réclamés par M. de C......, le Tribunal les réduisit à 10 fr. Et le noble comte, doublement trompé dans son attente, se retira du prétoire en proie à une vive agitation, et répétant ces mots qui lui étaient familiers : « Il n'y a plus rien à faire maintenant, la révolution s'est fourrée partout. »

On parla beaucoup , pendant une huitaine de
jours , dans les salons de Roanne , de cette affaire
à laquelle les prétentions ridicules d'un homme, par
trop en arrière des idées de son siècle, avaient seules
donné un peu d'importance ; et j'eus la satisfaction
de voir que la conduite par moi tenue , non moins
que les paroles sorties de ma bouche dans cette
circonstance, avaient l'approbation générale. Celle
des dames surtout ne me manqua pas , et fut assai-
sonnée de plaisanteries auxquelles n'assistait pas
heureusement l'homme qui en était l'objet, mais
qui durent, plus tard , arriver à son oreille. Sans
que j'attachasse à ce succès une grande valeur , j'y
vis cependant , à mon premier pas dans la carrière
du ministère public , un encouragement pour
l'avenir.

VI.

Quelque temps après , l'exécuteur des arrêts cri-
minels du département de la Loire , qui réside à
Montbrison, vint, accompagné d'un aide-exécuteur,
remplir à Roanne un des actes de son terrible
ministère. Il s'agissait ensuite de loger les deux
ministres de la loi vengeresse jusqu'au lendemain

matin où ils devaient repartir, mais aucun hôtelier de
la ville ni des faubourgs ne consentit à les recevoir.
Il en fut référé au procureur du Roi, qui me fit aussitôt appeler. Je le trouvai dans une grande colère
contre tous les aubergistes de Roanne et occupé à
feuilleter une table du *Bulletin des Lois*, pour
en trouver une qui s'appliquât à l'espèce et obligeât
les logeurs à donner asile aux exécuteurs en voyage
pour l'exercice de leurs fonctions. Je m'efforçai
d'abord de le calmer, et, lui offrant de faire moi-
même la recherche qui paraissait lui donner tant
de peine, je pris de ses mains le livre qu'il tenait et
me mis à le feuilleter à mon tour ; mais ce que je
cherchais, ce n'était pas dans l'ouvrage la loi dont
il se préoccupait, c'était dans ma tête un moyen de
concilier l'appui dû à des hommes tristement nécessaires avec l'intérêt qu'inspiraient les aubergistes de
la localité. Car ces derniers disaient hautement que
l'admission des *bourreaux* chez eux serait l'équiva-
lent de la fermeture de leurs établissements, leur
ruine complète, aucune de leurs pratiques ne
devant revenir chez eux après de pareils hôtes.
Je me hasardai à soumettre à mon chef une observation dans ce sens, mais je m'aperçus qu'elle
lui faisait froncer le sourcil, et je me hâtai de ramener la conversation sur le terrain légal. Cependant, la nuit approchait, et les exécuteurs n'avaient
toujours point de gîte par un temps assez rigoureux.

« Nous perdons un temps précieux, dis-je à M. le
» procureur du Roi, et sans être sûrs encore de
» trouver ce que nous cherchons ; laissez-moi, je
» vous prie, faire des démarches officieuses auprès
» de quelques aubergistes que je connais afin de les
» amener de gré à ce que nous désirons. Je vous
» promets que, de manière ou d'autre, nos *hommes*
» seront hébergés cette nuit ; demeurez donc tran-
» quille à cet égard. — Eh bien ! allez, me ré-
» pondit-il, je m'en rapporte à vous, mais si vous
» éprouvez vous-même un refus, revenez me voir ;
» d'ici-là j'aurai découvert quelque loi que nous
» pourrons appliquer aux aubergistes récalcitrants,
» et alors il n'y aura plus lieu à les traiter avec
» indulgence. » Je sortis à ces mots.

J'avais d'avance arrêté mon plan ; c'était de m'a-
dresser au concierge des prisons, pour l'inviter à
placer deux lits de camp dans la salle des Pas-
Perdus du Palais-de-Justice. C'est là que je fis
coucher les deux exécuteurs, qui le lendemain, dès
la pointe du jour, évacuèrent la ville de Roanne avec
leur lugubre attirail.

On sut le rôle conciliateur que j'avais joué dans
cette affaire, et l'on m'approuva généralement. De
la part des aubergistes, comme on le pense bien,
ce fut de la reconnaissance qui m'arriva, reconnaissance dont les témoignages furent si vifs que tous
m'eussent volontiers logé et même, je crois, nourri
gratis.

Un jour, le commissaire de police vint, en toute
hâte, me prévenir que d'après le bruit public un
grand crime avait été, la veille au soir, commis dans
la ville de Roanne. Un sieur M....., jouissant d'une
honnête aisance et dont la réputation était bonne
d'ailleurs, aurait tué sa fille, âgée de 18 ans et re-
marquablement belle, d'un coup de couteau dans
le ventre, parce qu'il avait reconnu sur sa personne
les suites d'une faiblesse. L'indignation était générale contre ce malheureux père à qui le sentiment
de l'honneur, poussé trop loin, avait fait ainsi fouler
aux pieds les plus saintes lois de la nature, et il
était même question de venger à l'instant sur lui la
mort de son enfant si barbarement immolée.

Je fis venir plusieurs gendarmes, requis deux
médecins, et me transportai, en cette compagnie,
ayant de plus le greffier du Tribunal à mes côtés,
dans la maison désignée. Une foule considérable
l'entourait et poussait des clameurs effrayantes contre
le sieur M...... A la vue de cet appareil judiciaire,
elle se calma pourtant un peu, mais j'eus toutes les
peines du monde à empêcher que beaucoup de personnes, de femmes surtout, ne pénétrassent à ma
suite dans l'intérieur de la maison. Enfin, j'arrivai
dans une chambre à coucher où je vis, assis auprès
d'un poêle, une femme déjà âgée et un jeune homme.
« Monsieur, me dit tranquillement la première,
vous venez pour voir comment ma fille est morte :

elle est là , dans cette alcove , sur son lit ; entrez. »
Et en achevant ces mots , elle écarta les rideaux de
l'alcove ; nous y pénétrâmes tous.

Enveloppée d'un linceul blanc , gisait là en effet
la jeune fille. Un des médecins tira son bistouri pour
couper ce linge qui était déjà cousu , lorsque la
mère élevant la voix : « Ne gâtez rien , Monsieur ,
dit-elle , je vais vous donner des ciseaux pour dé-
coudre. » J'avoue que tant de sang-froid chez une
mère m'étonna.

Un instant après , le plus beau corps de femme
qu'il fût possible de voir fut mis entièrement à nu.
Il était d'une blancheur éblouissante que rehaussait
encore une chevelure d'un noir d'ébène , tellement
longue et abondante qu'elle ruisselait, c'est le mot,
jusqu'au dessous des genoux. On eût dit qu'il y avait
encore là de l'animation et de la vie, et que le sommeil seul produisait cette immobilité , car les seins
paraissaient s'élever et s'abaisser tour à tour ; mais
c'était une pure illusion de la part des spectateurs,
qui n'avaient sous les yeux qu'une image de mort ,
image bien séduisante encore, il est vrai. Du reste,
aucune blessure, aucune trace même de violence
quelconque ne se faisait remarquer sur le corps de
la jeune Marie M..... , laquelle n'avait succombé ,
au rapport des médecins , qu'à une congestion san-
guine aux poumons, due à la recrudescence subite
du froid excessif qui avait régné cette année (1830),

se trouvant alors dans un état dangereux pour son sexe.

Le jeune homme que j'avais remarqué en entrant et qui se tint, pendant la visite, au chevet du lit mortuaire, la tête dans une de ses mains, était le fiancé de la jeune fille, ainsi qu'il me le déclara lui-même. Quel tableau toute cette scène eût pu inspirer à un peintre de mérite!

Je sortis de la maison, vivement impressionné, comme on pense, et dis hautement à la foule, toujours tumultueuse, ce qu'il en était du prétendu meurtre de la jeune fille. Tout le monde alors se retira en silence. Voilà pourtant ce que c'est que la prévention populaire! Depuis ce moment, l'affaire des Calas ne m'a plus paru aussi incroyable.

Vers la fin de mai 1830, le général de Bourmont traversa Roanne en chaise de poste, pour aller prendre le commandement de l'armée expéditionnaire d'Alger. Je me trouvais dans la rue en ce moment et fus témoin de l'arrivée de sa voiture. Bientôt après, je la vis entourée d'une foule considérable, du milieu de laquelle s'élevaient des cris confus. Je m'approchai et entendis distinctement des propos tels que ceux-ci : « Voilà l'homme qui » a trahi à Waterloo! Voilà le transfuge!.... Si on » l'empêchait de recommencer? » articulés par un individu à moustaches grisonnantes, dont les manières, la pose et toute la tournure annonçaient un

ancien militaire de l'Empire. D'autres menaces plus
directes même étaient ajoutées à celle-ci, et la foule
grossissait toujours, avec des dispositions évidemment
hostiles. Cependant, je voyais le général impassible au fond de sa voiture; entendait-il ou n'entendait-il pas ces paroles? c'est ce que j'ignore; mais
l'aide-de-camp qui se trouvait à côté de lui s'agitait
beaucoup et paraissait comprendre le danger de la
situation. Je le comprenais aussi, moi, mais ce qui
ne s'offrait pas immédiatement à mon esprit, c'était
le moyen de le conjurer; car la gendarmerie était
loin, et d'ailleurs qu'auraient fait quelques hommes
en présence d'une foule ardente et qui paraissait
s'irriter de plus en plus à la voix de l'homme à
moustaches? Une idée me vint avec la rapidité de
l'éclair, et je la mis aussitôt à exécution. Me présentant au maître de poste, je l'invitai à faire
déboucher de son écurie auprès de la chaise du
général beaucoup de chevaux montés par ses
meilleurs postillons, qui les mettraient au pas de
course et arriveraient de différents côtés avec grand
fracas. Ce stratagème, dont le but était de forcer la
foule à s'éparpiller un moment, eut tout le succès
que j'en attendais; car, avant que les groupes
rompus eussent eu le temps de se reformer, la voiture, relayée en quelques secondes, était emportée
au galop des chevaux sur la route de Lyon, sans
qu'il eût été possible à nulle personne à pied de
l'atteindre.

Le fait que je rapporte ici ne fut guère connu au-delà de Roanne ; aucun journal n'en parla , ce qui ne l'empêche pas d'être exact de tout point. J'ai toujours préféré faire mon devoir réellement que de courir après la réputation de le faire , quoique cette dernière manière d'agir soit ordinairement plus profitable que l'autre. C'est donc un devoir que je crois avoir rempli dans cette circonstance. Je pense néanmoins que la Restauration eût mieux servi ses propres intérêts si elle eût choisi , pour chef de l'expédition d'Alger, un homme moins impopulaire que M. de Bourmont , dont au reste les talents militaires étaient incontestables.

VII.

Le moment approchait où la France allait subir une des crises les plus sérieuses par où elle eût passé depuis sa grande révolution de 89 ; une révolution nouvelle frappait à sa porte, et cependant personne ne s'y attendait le moins du monde , la sécurité était générale. Tout-à-coup , le bruit se répand que des ordonnances contraires à la Charte en plusieurs points ont été rendues ; que la Chambre des députés a été dissoute avant même d'être réunie, la loi d'élections changée , la liberté de la presse suspendue, etc. Cette nouvelle , qui d'abord n'avait rencontré que des incrédules , prend peu à peu de la consistance , et bientôt se trouve être la réalité même.

J'étais alors à Lyon , en congé, et je pus apprécier, au sein de cette grande cité , ce que c'est qu'un peuple qui se croit menacé dans ses droits ; car un mouvement des plus prononcés y eut lieu , et, bien que le sang n'ait pas coulé , on peut dire que la révolution de juillet s'accomplit à Lyon aussi bien qu'à Paris. Je fus témoin de tout le tumulte que soulevèrent les fatales ordonnances dans la seconde ville du royaume.

Cependant, ce n'était pas assez pour moi de contempler ce spectacle, déjà bien imposant;

Jeune, et dans l'âge heureux qui méconnaît la crainte,

je voulus pénétrer jusqu'à la bouche du volcan , je voulus voir les derniers bouillonnements de cet immense cratère politique dont la capitale de la France était devenue le théâtre , ou plutôt en lequel elle s'était changée.

Parti de Lyon dans les premiers jours d'août 1830 , j'arrivai à Paris assez à temps encore pour voir des choses aussi tristes que nouvelles alors pour moi. En effet , une inexprimable agitation régnait partout dans la capitale, dont beaucoup d'édifices étaient criblés de balles et de boulets , beaucoup de places inondées de sang ; où les pavés

étaient accumulés à une si grande hauteur qu'ils
faisaient obstacle à la circulation des voitures, et
transformaient la ville en une cité d'Orient où ne
résonne aucun bruit de roues. Des groupes nombreux couraient çà et là en chantant la *Parisienne*
et la *Marseillaise*; des nuées de crieurs faisaient
entendre leur voix glapissante pour annoncer quelque nouvelle contraire aux Bourbons de la branche
aînée; des hommes et des femmes en haillons hur-
laient des couplets composés pour la circonstance,
et les devantures de tous les marchands d'estampes
se trouvaient comme surchargées de caricatures où
les membres de la famille déchue figuraient sous
des formes plus ou moins grotesques. Le soir, les
théâtres se remplissaient promptement d'une foule
impétueuse, avide de voir représenter des pièces
qui lui rappelassent ses émotions de la journée, et
toutes les allusions qu'elles renfermaient étaient
saisies au passage avec une joie effervescente. En
un mot, la révolution débordait partout.

L'étrangeté de ces scènes me frappa vivement,
et je les considérai avec une attention d'autant plus
grande, que c'était probablement, pensais-je, les
dernières de ce genre qui s'offriraient à moi dans
le cours de ma vie. Aussi, m'empressai-je de visiter
tout ce qu'il y avait à visiter, le Palais-Royal, le
Louvre, l'Hôtel-de-Ville, les Tuileries; ce dernier
palais surtout que jadis, jeune étudiant en droit,

j'avais regardé avec cette admiration respectueuse
qui s'attache naturellement au sanctuaire de la puissance, et qui maintenant, vide de ses hôtes , ouvrait
ses portes profanées à quiconque voulait y pénétrer.
Je passai là plusieurs heures de suite à contempler
mélancoliquement les résultats de la tempête populaire , ces portes brisées , ces glaces de Venise
labourées avec la baïonnette, ces fleurs de lis arra-
chées ou salies , ces tableaux percés de balles , ce
trône enfin si triste à voir dans sa majesté encore
subsistante avec de larges taches d'un sang noir
sur son coussin de velours rouge (1), toute cette
royauté enfin gisant misérablement à terre , elle
qui , quelques jours encore auparavant , semblait si
pleine de vie et de force.

Domus intùs
Apparet Priami, et veterum penetralia regum.
Virg.

Ce désir de me préparer des souvenirs durables
d'une époque qui devait compter dans les annales
de la France , me porta encore à me rendre à des
assemblées populaires ou clubs qui s'étaient formés
en divers lieux et notamment au manège Pellier ,
dans la rue Montmartre. Là , je fus spectateur de
scènes de désordre et d'actes de violence si bien

(1) C'était le sang de l'élève de l'Ecole Polytechnique Vanneau qui '
ayant péri dans l'attaque des Tuileries , fut porté mort sur le trône de
Charles X. On eût dit une bouteille d'encre répandue, tant la teinte en
était sombre.

caractérisés (1), des paroles si furieusement révolutionnaires frappèrent mon oreille, que je prédis en moi-même la ruine de tout établissement nouveau qui ne fermerait pas à l'instant même de pareils antres. Heureusement, le surlendemain de ce jour, la garde nationale, l'arme au bras, occupait le seuil des maisons où s'étaient tenues ces assemblées, en disant aux frères et amis qui se présentaient : « *On ne passe pas !* » De ce moment, la France put se regarder comme gouvernée.

Je m'écarterais trop de mon sujet si je rapportais en détail tout ce que je vis et entendis à cette mémorable époque. Il faut pourtant que je dise un mot d'une soirée que je passai chez le général Lafayette, personnage alors très-influent pour ne pas dire omnipotent. Cette soirée eut lieu dans l'hôtel de l'état-major des gardes nationales, rue du Mont-Blanc, où il résidait, et réunit à peu près tout ce que Paris renfermait de gens éminents dans toutes les classes de la société: pairs de France,

---

(1) Voici, entre plusieurs autres, un fait qui se passa sous mes yeux : Le président du club, qui se nommait Hébert, avait avancé plusieurs propositions démagogiques dignes de 93, en annonçant toutefois que chacun des *citoyens* présents avait la liberté de les combattre. Un petit homme horriblement bossu, vrai type de Mayeux, et qui se trouvait près de moi, éleva la voix pour user de la liberté accordée, mais ce fut à son dam ; car, au bout de deux ou trois phrases, il fut, sur l'ordre du président, expulsé de l'assemblée comme *aristocrate*, non sans recevoir force coups de pied et de poing et sans crier de tous ses poumons : « Elle est jolie votre liberté ! »

députés , hauts magistrats , militaires des premiers grades , etc. Je pus donc me faire une idée du langage et des manières du personnel dirigeant de la France , et j'eus lieu d'en être très-satisfait. Seulement, sous cette écorce si séduisante, se cachait en général un grand fond de duplicité et d'hypocrisie ; car tel qui s'inclinait bien bas devant l'idole du jour, devait, peu de temps après, être des premiers à demander qu'elle fût brisée , j'entends que ce vétéran des révolutions fût dépouillé de la plus grande part de l'autorité presque souveraine dont il avait été d'abord revêtu. Les hommes seront toujours les mêmes !... A cette réunion parut un moment le prince de Talleyrand, que j'étudiai de mon mieux , mais qui , sous sa figure froide , impassible et comme de cire , n'était pas facile à pénétrer; il causa une demi-heure environ avec l'hôte de la maison , au milieu de beaucoup de curieux qui faisaient cercle autour de ces deux célébrités. Le prince était à la veille de partir pour l'ambassade de Londres.

VIII.

Cependant les solliciteurs accouraient de tous les points du royaume à Paris , qui en diligence , qui en patache , qui à pied , qui à cheval , et chacun d'eux se montrait ardent à la curée des emplois en raison inverse de son mérite personnel. Tout le monde voulait avoir été l'adversaire des Bourbons de la branche aînée ; tout le monde demandait le prix des prétendus sacrifices qu'il avait faits à la cause de la liberté en machinant contre eux. C'était à soulever le cœur de dégoût.

Moi , je ne songeai nullement à faire valoir de pareils états de service , et me contentai de dire qu'ayant tâché de faire mon devoir sous le gouvernement déchu , je m'efforcerais également de le faire sous le régime nouveau qui venait de lui succéder. Je croyais , en effet, comme je crois encore , qu'il faut qu'un magistrat demeure étranger aux tourmentes politiques qui peuvent agiter le pays où il a l'honneur de rendre la justice, et , pour emprunter des paroles que je prononçai moi-même autrefois à une rentrée de tribunal , « que , réali-
» sant cette belle fiction de la fontaine Aréthuse ,
» il traverse pur les partis et les passions des
» hommes. »

Ce principe néanmoins n'est pas de nature à pousser loin, en temps de révolution surtout, celui qui le professe. Aussi, dus-je me contenter du poste de substitut près le Tribunal et la Cour d'assises de Montbrison , qui me fut donné. C'était bien un pas que je faisais en avant , mais un pas modeste.

Je ne voulus point partir de Paris sans offrir au

Roi, récemment élu, un exemplaire de l'*Eloge historique du duc de La Rochefoucauld-Liancourt* que je venais de publier. Les relations que je savais, de science certaine, avoir existé entre l'illustre philanthrope et Sa Majesté, alors duc d'Orléans, me donnaient lieu de penser que le prince accueillerait favorablement mon hommage. Je ne me trompais pas, car la réception qui me fut faite au Palais-Royal, siége encore de la nouvelle royauté, où je fus présenté par M. le marquis de La Rochefoucauld-Liancourt, fils du défunt et député du Cher, eut de quoi flatter mon amour-propre. En prenant de mes mains l'ouvrage en question, Louis-Philippe me félicita d'avoir vécu dans l'intimité d'un homme « qu'on pouvait, à juste titre, nommer un grand citoyen, et qui avait été l'ami de sa jeunesse, de son âge mûr, de toute sa vie. » Je répondis que j'appréciais, comme je le devais, l'honneur qui avait rejailli sur moi de cette connaissance, et que j'aurais toujours présentes à l'esprit, pour chercher à les imiter, les rares vertus et les belles actions que j'avais vues de si près. J'ajoutai que le duc de Liancourt n'avait malheureusement pas assez vécu pour jouir du spectacle de l'avénement au trône du prince qui occupait une si grande place dans son cœur, comme j'en avais souvent jugé par moi-même en causant avec lui ; à quoi le Roi répondit « qu'il eût été également heureux de le voir dans cette circonstance solennelle ; qu'il regrettait de n'avoir pu protéger la vieillesse d'un homme que le gouvernement de la Restauration avait eu la mauvaise inspiration de persécuter , et à qui la tombe même n'avait pas offert un abri contre d'injustes rigueurs. » En achevant de parler , le Roi me parut sensiblement ému , et je crus même voir sa paupière s'humecter. Enfin , Sa Majesté me fit l'honneur de m'inviter , par l'organe de l'aide-de-camp de service, à venir dîner chez elle deux jours après , un dimanche , à six heures.

J'ai reproduit ailleurs (1) les détails du festin royal auquel je pris part ; j'ai dit la place honorable que j'y occupais à côté de la princesse Louise, aujourd'hui reine des Belges ; les entretiens que j'eus soit avec elle, soit avec sa sœur, la princesse Marie , soit aussi avec Madame Adélaïde , sœur du Roi ; ce qui se passa après le dîner , et de quelle manière eut lieu la réception du soir , etc. Je ne reviendrai pas sur tout cela , mais je crois devoir , à titre d'observation de mœurs , rappeler les effets divers que produisit sur l'esprit de mes *amis* et connaissances la nouvelle , bientôt répandue , de l'accueil dont j'avais été l'objet en haut lieu.

Quelques-uns, de ceux-là qui étaient en quête de places et de faveurs, s'imaginant que j'allais devenir

---

(1) Dans ma GERBE LITTÉRAIRE, page 497, sous le titre de : *Un Souvenir du Palais-Royal en* 1830.

un personnage important , eurent hâte d'accourir
auprès de moi pour réclamer mon appui. J'avais beau
leur dire que , malgré ma double réception en cour,
j'étais resté et resterais Gros-Jean comme devant ,
c'est-à-dire un simple substitut de province, que
par conséquent je ne pouvais en rien servir leurs
projets ; ma déclaration, qu'on supposait empreinte
d'une réserve diplomatique puisée aux lieux que je
venais de hanter , était regardée par eux comme
non avenue, et ils persistaient à solliciter ma *bienveillante intervention* en leur faveur. « L'avenir au
» moins , me disaient-ils , et un avenir prochain ,
» vous élèvera au rang dont votre mérite et vos
» qualités vous rendaient digne à nos yeux depuis
» long-temps , et alors nous osons compter sur
» vous. » Pauvres courtisans d'une grandeur ima-
ginaire , qu'ils viennent voir maintenant la haute
position qui m'était réservée! Je me figure le superbe
regard de dédain qu'ils jetteraient sur moi s'ils me
voyaient aujourd'hui , dans ma retraite anticipée ,
la poitrine libre de toute décoration , promener
dans les allées solitaires de Cessy mes pensées
philosophiques sur la bassesse des cœurs livrés en
proie au démon de l'ambition , eux dont la plupart
sont , à l'heure où j'écris , suffisamment pourvus
de places , de titres et d'honneurs (1).

(1) Parmi ceux qui me disaient des choses si flatteuses à l'époque dont
je parle , il en est un qui fait partie d'une Cour royale, un autre occupe

D'autres sentiments, d'une nature bien diffé-
rente, mais qui n'en étaient pas plus louables pour
cela, s'éveillèrent à cette occasion dans l'âme de
personnes que j'avais lieu de me croire affectionnées.
Ces sentiments étaient de ceux dont l'envie est la
triste mère. L'expression toutefois s'en déguisait
généralement sous des phrases telles que celles-ci :
« Je suis bien aise du bonheur qui lui arrive,
mais il aurait dû n'y pas courir après. — Dans son
intérêt, je ne voudrais pas qu'on l'appelât à de hauts
emplois, car ce serait l'enlever aux études littéraires qui lui vont beaucoup mieux. — Cette réception lui fera plus de mal que de bien, parce que,
en exaltant trop son amour-propre, elle changera
son caractère qui était facile et bon. » Tous ces
propos et autres semblables m'étaient rapportés
par des tiers officieux qui s'en montraient grandement indignés, comme de juste, mais qui, au
fond, n'étaient guère mieux disposés pour moi, je
pense.

> Voilà jouer d'adresse, et médire avec art,
> Et c'est avec respect enfoncer le poignard.
>
> BOILEAU.

Ce qui m'étonna le plus, ce fut de voir un de
mes supérieurs hiérarchiques, que je m'abstiendrai

---

un poste assez élevé dans un ministère, et un troisième, enfin, siége à
la Cour de cassation. C'est ce dernier qui se montrait le plus obséquieux
envers moi. Il paraît qu'il n'a pas toujours perdu ainsi son temps et ses
louanges.

de nommer, s'offusquer au dernier point d'une conduite si simple et si naturelle de ma part. Les bonnes dispositions qu'il m'avait jusque-là manifestées se transformèrent subitement en froideur glaciale ; et , de crainte que j'ignorasse à quelle cause ce changement était dû : « Monsieur, me dit-il dans une entrevue que j'eus avec lui, vous vous êtes adressé à *plus haut* que moi ; obtenez maintenant par cette voie l'avancement que je vous réservais , car je ne m'en occuperai plus à l'avenir. » Vainement lui fis-je observer que tel n'avait pas été le but de ma visite au Palais-Royal, visite dont je lui expliquai le seul et véritable motif; il ne voulut rien entendre. Qui sonderait les replis du cœur humain y découvrirait d'étranges infirmités (1).

IX.

Je quittai la capitale pour me rendre à Montbrison où m'appelaient mes nouvelles fonctions. J'y trouvai à la tête du parquet un de mes amis et anciens con-

---

(1) Qu'il me soit permis de citer ici un quatrain que j'improvisai au sortir de cette entrevue, et que m'inspira une aussi étrange susceptibilité :

> Philippe, en accueillant ma légère brochure,
> D'une place à sa table a daigné m'honorer :
> Ce dîner-là m'a fait grand bien, je vous assure,
> Mais Monsieur ****** n'a pu le digérer.

disciples , que ses talents , joints à une grande
dignité de caractère , ont depuis élevé par degrés
assez rapides au poste éminent d'avocat-général à
la Cour royale de Paris , M. Deleullion de Thorigny.
Cette rencontre , due au hasard , me fit plaisir et
me valut plus tard quelque agrément dans un séjour
qui , par lui-même , en présente assez peu aux
étrangers.

C'était pour la première fois que j'abordais le
service des assises, et j'en éprouvai un véritable
serrement de cœur ; car c'est une triste chose que
de songer qu'on va contribuer de tout son pouvoir
à pousser la vindicte sociale jusqu'à ses plus rigou-
reuses conséquences , jusqu'à priver son semblable de l'honneur , de la liberté pour longues
années , de la vie même. Malheur à qui peut de
sang-froid envisager un si redoutable rôle ! Je ne le
tiendrai jamais pour un homme bon et sensible ,
encore moins pour un parfait chrétien ; car le
christianisme n'inspire à ses sectateurs qu'amour ,
mansuétude et charité. Non que je veuille pourtant
désarmer la société du glaive fatalement salutaire
qui la conserve et la vivifie , comme la serpe du
jardinier prête aux arbres une force nouvelle en en
retranchant les rameaux gâtés ; mais je demanderai
qu'au moins ce meurtrier légal sente les fibres les
plus secrètes de son cœur se froisser, et que , pareil à
l'Agamemnon du tableau de Parrhasius , il voile sa

face de douleur au moment où il va laisser tomber
de sa bouche les paroles messagères de mort. Je
veux , en un mot , qu'il ait l'air de remplir un
pénible devoir , et non simplement de faire son
labeur accoutumé.

Les émotions de ce genre ne me manquèrent pas
dès les premiers temps de mon exercice , car les
crimes les plus graves figuraient sur le rôle de la
session prête à s'ouvrir : incendie , vol à main
armée sur la grande route , assassinat , parricide
même. Et comme si ma sensibilité devait être mise
immédiatement à l'épreuve , ce fut cette dernière
affaire qui m'échut en partage. L'accusé était un
jeune homme de vingt-quatre ans , qui avait em-
poisonné son père en jetant de l'arsenic dans sa
soupe. Celui-ci avait été militaire sous la République et sous l'Empire , et s'était trouvé à plusieurs grandes batailles , où il paraît qu'il avait
bien payé de sa personne , à en juger par les
blessures dont son corps était sillonné ; le soleil
d'Egypte s'était même levé sur lui , et il avait eu
sa part du grand combat des Pyramides. L'intérêt
qui s'attachait à la victime accroissait donc encore
d'autant l'horreur qu'inspirait le coupable. Ce fut
là aussi la pensée qu'exprima mon exorde , et je
puis dire avec vérité que mes conclusions trouvèrent dans l'auditoire assentiment et sympathie ,
et me valurent de nombreux éloges. Le président

des assises lui-même voulut bien , dans son résumé, louer la manière dont j'avais soutenu l'accusation. Le fils empoisonneur fut condamné à la peine des parricides , et il entendit son arrêt avec une tranquillité plus grande , à coup sûr , que celle qui était en moi dans ce moment.

L'audience à peine levée, je m'échappe du Palais pour rentrer dans mon domicile, car j'avais besoin de me dérober à cette atmosphère de crime et de châtiment qui m'oppressait. En longeant le Palais-de-Justice , j'aperçois un grand portail ouvert à deux battants et laissant voir dans l'intérieur une salle voûtée, au milieu de laquelle gisaient à terre différentes pièces de bois peintes en rouge , que deux hommes étaient occupés à rajuster. Il s'y trouvait aussi une grosse lame d'acier triangulaire, surmontée d'une masse de plomb , des carcans en fer , un billot , un couperet , etc. Nul doute que ces étranges objets ne fussent la guillotine et ses lugubres accessoires , qu'on mettait en état parce qu'on avait appris qu'il y aurait bientôt lieu de s'en servir. Ce spectacle , comme on peut penser, ne contribua pas à éclaircir mes idées , ni à me ménager pour la nuit suivante des songes couleur de rose.

Il fallait bien cependant que je m'accoutumasse à ces impressions , puisque ce n'était que le prélude de celles qui m'attendaient encore là et à plusieurs reprises. En effet, cinq autres arrêts de mort s'échappèrent de l'enceinte de la Cour d'assises de Montbrison dans l'espace de quelques mois , soit pendant le cours des deux premières sessions qui suivirent mon arrivée. Il est vrai que les yeux et le cœur se font à tout, et que ce qui a paru horrible la première fois n'est plus que laid la seconde, peu agréable la troisième, et finit à la longue par être accueilli avec une sorte d'indifférence. C'est ce dernier sentiment que je remarquais chez tous ceux qui m'entouraient, huissiers, gréffiers, secrétaires du parquet , magistrats mêmes. Une condamnation capitale ne les touchait que faiblement , et, s'ils en parlaient entre eux , c'était comme d'un acte de procédure criminelle plus remarquable que les autres , sous le rapport surtout de la question de droit qu'elle soulevait.

J'eus aussi à soutenir l'accusation dans une affaire d'assassinat accompagné de vol , sur un chemin public ; mais il y eut acquittement. Enfin, je portai assez souvent la parole devant le Tribunal civil et correctionnel.

Une cause, qui fut soumise à cette dernière juri- diction , me fournit l'occasion d'apprécier jusqu'à quel point l'esprit de parti peut affaiblir ce senti- ment de justice inné dans tous les hommes. Il s'agissait d'une plainte en diffamation portée, à la requête d'un habitant de Montbrison , contre un autre qui l'avait accusé en plein café d'avoir, pour la somme de 3,000 fr. , livré le général Mouton-Duvernet à l'autorité militaire, en 1816. Ce propos était une pure calomnie dictée par la haine et un désir de vengeance personnelle ; car tout le monde sait que nul ne livra l'infortuné général que lui-même , lassé qu'il était de devoir son salut à la compromettante hospitalité que lui accordait un généreux citoyen de la ville (1). Toutefois , avant de donner mes conclusions dans l'affaire , je crus nécessaire de m'édifier complètement à cet égard, et fis venir le dossier de la procédure qui avait été instruite devant le Conseil de guerre de Lyon. Quel fut mon étonnement , disons mieux mon indignation , lorsque je vis , en parcourant ces pièces , que les juges militaires avaient formé leur opinion au rebours de tous les éléments de la procédure, qui étaient on ne peut plus favorables à l'illustre accusé ! Car il en résultait , jusqu'à l'évidence , que Mouton-Duvernet n'avait fait , en prenant le commandement de Lyon et des lieux circonvoisins dans les Cent-Jours , qu'obéir à des ordres que la discipline militaire le forçait de respecter, et qu'en outre il avait exercé ce commandement avec une prudence et une impartialité remarquables. Des hommes même connus par

____

(1) M. de Meaux , député.

leur royalisme ardent , tels que MM. Tassin de
Nonneville et de Laroche-Aymon , avaient rendu
de lui ce témoignage qui honorait leur caractère ;
le Conseil n'en avait pas moins condamné, *à l'unanimité* , l'infortuné général à la peine de mort. En
déplorant cette catastrophe dans mon réquisitoire ,
toutefois avec les ménagements dus à la chose
jugée , j'émis le vœu que les générations à venir
fussent préservées du spectacle sanglant qui avait
attristé ma première jeunesse (car je me trouvais
à Lyon , où j'achevais mes études , lors de l'exécution du général). Je terminai en réclamant l'emprisonnement contre le diffamateur, qui y fut effectivement condamné , ainsi qu'à des dommages-
intérêts envers la partie civile.

X.

Cependant arriva l'époque de l'année où le climat
de Montbrison commence à devenir dangereux, particulièrement pour les étrangers. Car on n'ignore
pas que cette ville , située dans une plaine basse , au
pied des monts d'Auvergne , est de toutes parts
environnée d'étangs dont les exhalaisons méphi-
tiques s'étendent au loin dans la saison des chaleurs
et produisent des fièvres , dont la gravité se mesure

ordinairement à la force du tempérament des sujets qui en sont atteints , c'est-à-dire que plus la constitution du malade est énergique, plus il y a de chances contre lui. A ce titre , je devais payer un large tribut à la contagion du pays , et c'est aussi le sort qui m'échut en partage. Saisi d'une violente fièvre inflammatoire , je faillis immédiatement succomber. Cependant les soins éclairés de la médecine conjurèrent l'imminence du danger et permirent à ma bonne mère d'accourir auprès de moi pour m'emmener ensuite à Lyon ; mais là , malheureusement, j'éprouvai une sérieuse rechute. Six mois durant, je me trouvai entre la vie et la mort ; et ce ne fut que par une espèce de miracle de la Providence, dont les habiles docteurs Viricel et Martin jeune devinrent les agents visibles , que je restai sur la terre. Voilà le pays où , quatorze ans plus tard , on voulait me renvoyer !

Il fallut bien cependant qu'après mon rétablissement je réintégrasse la ville qui avait pensé me devenir si funeste , puisque là était le siége de mes fonctions ; mais du moins n'y remis-je les pieds qu'à une époque où l'air , condensé par l'action d'une température plus basse , avait perdu la puissance de propager les miasmes pestilentiels dont il était chargé. J'étais, au surplus , décidé à n'y pas continuer mon séjour durant les chaleurs , dussé-je résigner des fonctions auxquelles je tenais pourtant : c'était même là le conseil que m'avaient donné mes deux médecins.

Une grande affaire politique avait été , pour cause de sûreté publique, attribuée par un arrêt de cassation à la Cour d'assises de la Loire ; c'était celle du *Carlo-Alberto*. On sait qu'il s'agissait d'une tentative légitimiste opérée à Marseille et dirigée par la duchesse de Berry , à l'effet de replacer le duc de Bordeaux sur le trône , et dans laquelle avaient figuré des hommes haut placés dans le monde, tels que MM. de St-Priest , duc d'Almazan , le comte de Ménars , le comte de Kergorlay , de Bourmont fils , etc. Ces accusés d'élite furent transférés en poste des prisons d'Aix dans celles de Montbrison. Mais une espèce de conflit s'éleva bientôt entre l'autorité administrative et le chef du parquet de Montbrison , au sujet de la détention de ces personnages , détention que chacun de ces pouvoirs prétendait régler à sa manière. Il s'ensuivit des plaintes de la part des prisonniers qui déclarèrent que leur position se trouvait aggravée par suite de la contrariété des mesures dont ils étaient successivement l'objet. L'autorité supérieure en fut avertie , et quelqu'un , que je ne nommerai pas ici puisque je n'en ai pas reçu de lui-même l'autorisation expresse , m'écrivit confidentiellement pour me prier de me transporter en personne à la maison d'arrêt , afin d'entendre , de la bouche même des

accusés, les griefs que chacun d'eux pouvait avoir
à articuler. Je m'acquittai aussitôt de cette mission
de confiance, qui eut un bon résultat, car c'est
d'après les renseignements que je transmis à qui de
droit, que des ordres venus de Paris mirent un
terme à ce fâcheux état de choses. M. Sauzet,
défenseur des principaux accusés, et que je vis à
cette occasion, me remercia beaucoup de ma dé-
marche, dont ses clients se trouvèrent bien.

C'est là toute la part que je pris à cette affaire,
dont on se souvient que M. Verne de Bachelard
dirigea les débats, comme président, avec autant
de talent que d'impartialité, et où M. Nadaud,
aujourd'hui premier président de la Cour royale de
Grenoble, obtint, en qualité d'avocat-général, un
beau succès oratoire.

Heureux qui, sans manquer à ses devoirs, peut
s'abstenir de tremper ses lèvres dans la coupe amère
des partis ! Ce bonheur, je le dus à un événement
favorable pour moi, arrivé au moment même
où ce procès allait s'ouvrir.

Une ordonnance royale, en date du 22 décembre
1832, me conféra le titre de procureur du Roi près
le Tribunal civil de Gex.

XI.

Ce retour sur le modeste théâtre de mes premiers
débuts judiciaires fut loin de m'être désagréable.
Au contraire , j'y vis une sorte de faveur du ciel
qui , pour achever ma guérison , m'envoyait dans
les contrées les plus salubres du monde , et me
donnait à respirer les balsamiques émanations des
montagnes alpestres , à moi dont les poumons
venaient d'être si rudement éprouvés par la fatale
atmosphère des marécages forésiens.

Le poste , d'ailleurs , avait une véritable importance , ainsi que me le dit , au moment de ma
prestation de serment , M. le procureur-général
Duplan. La situation extrême frontière de l'arrondissement de Gex , sa contiguïté avec Genève ,
le canton de Vaud et la Savoie , et la fréquence des
questions de droit international qui y surgissent ,
rendent infiniment plus difficiles et délicates les
fonctions de chef de parquet dans ce siége que dans
bien d'autres plus considérables, territorialement
parlant. Mais cette assertion , vraie en tout temps ,
empruntait un nouveau degré d'évidence de l'époque
où l'on se trouvait. En effet , deux années seulement avaient passé sur la Révolution de juillet , et
la violente secousse imprimée à la France par cette

tempête politique se faisait plus vivement sentir alors à ses extrémités que dans son centre. C'est qu'après une forte tourmente, la haute mer est déjà rentrée dans son repos , que les rivages de l'Océan sont encore battus des vagues qui y poussent les débris de plus d'un navire. Or , les naufragés de la Restauration et même de l'Empire abondaient , en 1833 , non loin des lieux où le ciel venait de m'adresser.

Toutefois , la première affaire importante que j'eus à traiter n'avait rien de politique. Deux hommes , l'un Français et l'autre Sarde , nommés Heble et Laforest, avaient pendant la nuit enlevé , à l'aide de fausses clés , les fonds contenus dans la caisse des contributions de Vevey , et montant à une vingtaine de mille francs. Ils étaient parvenus à gagner le territoire français avec le produit de leur crime ; mais, sur les indications fournies par les autorités vaudoises , l'un d'eux , Heble, ne tarda pas à être arrêté à Seyssel. Conduit de là dans les prisons de Belley , où une instruction préliminaire eut lieu, il fut ensuite dirigé sur Gex. Une partie de la somme volée s'était retrouvée sur lui.

Mon rôle commença dès-lors , et je dois dire qu'il fut long et pénible. Car, d'abord, Heble ne pouvait pas, en sa qualité de Français, être livré au canton de Vaud qui le réclamait ; telle fut la décision , fondée sur les traités , qu'après avoir consulté le gouvernement , je fis connaître à la partie intéressée. D'un autre côté, Heble ayant commis son crime en pays étranger et au préjudice d'étrangers , ne pouvait , d'après notre Code d'instruction criminelle , être mis en jugement en France. L'impunité allait donc être acquise à ce bandit audacieux , et , chose fâcheuse surtout pour le canton de Vaud , les fonds par lui soustraits et si heureusement retrouvés étaient sur le point de disparaître pour toujours. Cela causa un vif mécontentement au gouvernement de Lausanne, qui me le témoigna, en termes polis cependant. Or , j'avais à cœur, comme c'étaient d'ailleurs mes instructions, de conserver avec les pays voisins les bons rapports qui avaient existé jusque-là. Je fis donc tous mes efforts pour qu'au moins l'argent volé fût restitué à qui de droit , et , après bien des démarches , une volumineuse correspondance avec les autorités françaises et vaudoises , et mon transport en personne à Nyon , à l'effet de faire constituer le canton de Vaud partie civile dans l'affaire , j'eus le bonheur d'en venir à bout.

Heble, en recouvrant une liberté dont il était peu digne et qu'il devait uniquement à l'observation rigoureuse de la loi , se vit , par un jugement du Tribunal de Gex, confirmé en Cour royale , dépouillé de l'argent dont il était détenteur , en faveur de la caisse publique de la ville de Vevey , qu'il avait si criminellement spoliée.

Grande fut la joie du gouvernement de Vaud à cette nouvelle , presque inespérée pour lui , et que je me hâtai de lui faire connaître. J'en reçus la réponse suivante :

« Lausanne , le 7 Janvier 1834.

CANTON DE VAUD. —DÉPARTEMENT DE JUSTICE ET POLICE.

A Monsieur le Procureur du Roi , à Gex.

» Monsieur,

» Nous avons l'honneur de vous accuser la réception de la lettre que vous avez eu l'obligeance de nous écrire le 1er de ce mois , pour nous annoncer l'heureuse issue du procès civil intenté par le canton de Vaud aux nommés Heble et Laforest.

» Pénétrés, Monsieur, de l'intérêt et de la sollicitude que vous avez mis au succès de cette affaire, nous sentons le besoin de vous adresser nos remercîments et de vous assurer de nos sentiments de gratitude, en vous exprimant le désir de pouvoir un jour vous être de quelque utilité dans ce pays. Nous avons d'ailleurs à nous louer des principes de justice qui ont animé la magistrature de Gex , et nous lui devons aussi le tribut de notre reconnaissance.

« Veuillez agréer, Monsieur, l'assurance de notre haute considération.

Le Conseiller d'Etat, Président du département de Justice et Police ,

Signé : BOISOT.

Et plus bas :

Jules BARDET , *Secrétaire.*

Je le dirai franchement, mon amour-propre jouit beaucoup du triomphe que j'avais obtenu dans cette œuvre hérissée de difficultés, triomphe dont la lettre qu'on vient de lire formait en quelque sorte le couronnement. Si un pareil sentiment n'était pas permis après tant de soins et d'efforts, quelle est donc l'inspiration de l'âme qui pourrait l'être ?

XII.

Cette affaire pourtant n'était que peu de chose en comparaison d'autres dont la conduite m'était encore réservée et qui avaient la politique pour base. En voici notamment une dont l'importance ne sera pas plus douteuse pour celui qui me lira, que le bonheur avec lequel je m'en tirai ne fut contesté par mes supérieurs.

Un des premiers jours de février 1834, le 6, je crois, je reçus par exprès une dépêche du préfet de Nyon, qui m'informait que le lendemain matin devait pénétrer dans mon arrondissement, par Crassier et Divonne, une bande de douze à treize cents individus de différentes nations, Italiens, Polonais, Espagnols, commandés par le général Ramorino, et marchant contre la Savoie. Cette lettre me faisait en même temps connaître que les assaillants avaient pratiqué des intelligences dans le pays de Gex où ils comptaient, en passant, recruter bien des sol-

dats. L'ancien chef de partisans, comte Gustave
de Damas (1), qui faisait partie de l'expédition
comme commandant en second, avait longtemps
séjourné à Ferney dans ce but, et il était parvenu à
l'atteindre. Il n'y avait donc pas un moment à perdre pour s'opposer à une irruption qui pouvait ajou-
ter de fàcheuses complications à la marche encore
bien laborieuse du gouvernement, puisque des
Français auraient pris part à une attaque armée
contre un Etat voisin ; il n'y avait pas un moment
à perdre, dis-je, et cependant, pour les mesures à
prendre dans le but de faire échouer une telle entreprise, il ne m'en apparaissait aucune de quelque
efficacité. Etait-ce donc avec deux ou trois brigades
de gendarmerie qu'on aurait pu espérer d'en venir
à bout ? Y penser seulement était une folie. Fallait-
il mettre sur pied la garde nationale ? Cet expédient
semblait bon au premier aspect, mais un peu de
réflexion suffisait pour y faire renoncer. En effet ,
c'était justement dans les rangs de cette garde
que se trouvaient, en grande partie, les hommes
qui devaient grossir le nombre des insurgés ; il im-
portait donc d'éviter de les armer et de les mettre

---

(1) Issu d'une des plus anciennes et plus illustres familles de France,
M. de Damas dut à une imagination exaltée et à un esprit des plus
aventureux bien des malheurs et quelques succès. Sa bravoure n'était
pas douteuse, et il combattit vaillamment les Autrichiens au passage
de la Faucille, en 1813. Il est mort en Perse, il y a peu d'années, avec
le grade militaire correspondant à celui de maréchal en France.

en contact avec eux. Restait une seule ressource ,
celle de faire venir de la troupe de ligne , mais le
temps manquait pour cela.

Tout en roulant ces diverses combinaisons dans
ma tête, je me rends à la sous-préfecture, afin d'en
conférer avec M. le comte de Montrond , homme
capable et bon administrateur , que cela regardait
même plus particulièrement que moi. Mais j'apprends qu'il est en tournée et ne rentrera chez lui
que le soir. Alors je me dis que toute cette affaire
repose uniquement sur moi et qu'il faut , par conséquent , que je tâche de m'élever à la hauteur des
circonstances.

Je mande au parquet le commandant de la gendarmerie et l'invite à faire monter à cheval plusieurs de ses hommes, que je charge d'aller prévenir les maires de cinq à six communes les plus
rapprochées du canton de Vaud , d'avoir à faire
préparer des logements pour un corps de troupes
français qui doit arriver la nuit même. Cela fait ,
j'écris confidentiellement au préfet de Nyon ,
M. Frossard de Saugy , avec lequel j'avais déjà
eu des rapports qui ne me laissaient aucun doute
sur son amour de l'ordre et sur ses bonnes dispositions en faveur de la France , et le prie de se prêter à mon stratagème en faisant répandre à Nyon le
bruit que les autorités de Gex sont sur leurs gardes et que des soldats sont échelonnés le long du

Jura pour accueillir la troupe du général Ramorino.
Enfin, j'écris à M. Cramer, lieutenant de police
à Genève, pour le prier de vouloir bien me tenir
au courant des nouvelles qu'il pourra recevoir au
sujet de l'attaque projetée contre la Savoie.

Toutes choses ainsi réglées, j'attends avec une
certaine anxiété les prochains événements.

Ils furent presque de tout point conformes à mes
prévisions.

Les éclaireurs que les chefs de l'entreprise avaient
envoyés sur la frontière française, apprenant que
des préparatifs avaient lieu pour y recevoir de la
troupe dans la nuit, eurent hâte de retourner auprès de ceux-ci pour les en instruire. Dès-lors,
l'itinéraire de la bande Ramorino changea, et le
pays de Gex fut évité par elle avec autant de soin
que le passage en avait été recherché d'abord. On
prit le parti de se rendre en Savoie par le lac Léman,
qu'on traversa entre Nyon et Coppet, au moyen de
petites barques qu'on se procura avec beaucoup de
peine. Mais on avait compté sans le gros temps qui,
au lieu de pousser la flottille vers le Chablais, la fit
entrer dans le port de Genève, où l'autorité veillait,
attentive à ce qui se préparait. Là, beaucoup d'hommes de l'expédition furent, comme on sait, retenus
prisonniers. Les deux chefs toutefois réussirent
à s'échapper, et ils eurent l'imprudence, affaiblis
qu'ils étaient par cette mesure de l'autorité gene-

voise, et privés des recrues qu'ils attendaient du pays de Gex (1), de suivre leur pointe sur la Savoie, en y entrant par Annemasse ; mais ce coup de main ne pouvait plus être sérieux, et il suffit de quelques carabiniers royaux et douaniers sardes, pour mettre la petite armée en complète déroute. Personne heureusement ne tomba entre les mains des agents de Charles-Albert (2), dont la vengeance eût été terrible à en juger par les nombreuses condamnations à mort par contumace qui intervinrent

(1) Quatorze hommes de ce pays les rejoignirent pourtant au-dela de Genève ; mais c'était peu en comparaison de ceux qui les auraient suivis au cas où leur itinéraire n'eût pas été dérangé.

(2) Le général Ramorino fut au moment d'être pris, et ne parvint qu'à grand'peine à gagner le territoire français, où il arriva de nuit, par un temps affreux, et exténué de faim et de fatigue. Comme il errait sans savoir où trouver un asile et du pain, il fit rencontre d'un huissier de Gex qui revenait de porter des copies dans la commune de Cha - lex. Il s'adressa à lui et le supplia de venir à son aide, en lui déclarant franchement qui il était. L'huissier n'hésita pas ; il emmena le général fugitif dans son domicile, où il le tint caché, trois semaines durant, en ayant pour lui toutes sortes de soins et d'égards. Eh bien ! cet acte, si noble, si humain, croira-t-on qu'il devint l'objet d'une dénonciation au procureur-général, de la part d'un ennemi de l'huissier (qui n'a pas les siens) ? J'en douterais encore, si cette dénonciation ne m'eût été renvoyée à moi-même *pour prendre des renseignements*, c'est le style officiel. Mais tous les renseignements que je pris, ce fut de louer beaucoup l'huissier sur sa conduite, qui dénotait une belle âme, un cœur généreux et compatissant. J'écrivis sans détour à M. le procureur-général Duplan que l'action de l'huissier me paraissait digne d'éloges, et que je regardais son dénonciateur comme un misérable. Je ne fus point blâmé de cette franchise, mais il ne faudrait pas s'y fier avec tous les procureurs-généraux.

Quant à l'huissier en question, je dois le nommer, à sa louange : c'est M. Riser, qui, je crois, exerce toujours ses fonctions à Gex.

plus tard contre les principaux auteurs de cette téméraire entreprise.

Promptement informé par M. le lieutenant de police de Genève des événements qui venaient de s'accomplir, j'en portai, à mon tour, la connaissance au procureur-général et au garde-des-sceaux, en leur exposant la part que j'y avais prise. Les éloges, les félicitations que j'en reçus furent extrêmes, et un plus ambitieux que moi eût pu sans doute grandement se pousser du coup. Prendre la poste, arriver à Paris, se présenter au ministre, faire valoir ses services et en réclamer le prix, telle était la marche à suivre pour quiconque sait un peu le métier ; mais moi qui l'ignore et ai toujours dédaigné de l'apprendre, content d'avoir fait mon devoir, et même un peu plus que mon devoir, je restai tranquillement à Gex, où je pus relire à loisir les lettres si favorables qui m'étaient parvenues tant du parquet de la Cour que de la chancellerie.

XIII.

Une nouvelle occasion ne tarda pas de se présenter, où je pus encore faire acte de zèle et de dévoûment.

Tandis que Lyon était en feu par suite de l'in-

surrection d'avril 1834, une espèce d'émeute répu-
blicaine eut lieu à Ferney. Sept à huit cents individus s'y étaient donné rendez-vous pour célébrer la
plantation d'un arbre de la liberté sur la place de
ce bourg, fameux dans l'histoire du dix-huitième
siècle. Après de copieuses libations, ils entourent
tumultueusement cet arbre, qui était un peuplier
vivant, et là, se mettent à danser, en chantant les
chansons les plus révolutionnaires, le *Ça ira*, la
Carmagnole, et en criant : *Vive la République ! A
bas Louis-Philippe ! à bas les curés !* Mais ce n'est
pas tout; M. Elisée Lecomte, rédacteur du *National
Genevois*, et Français d'origine, prononce un discours très-hostile au gouvernement de juillet; le
colonel Chastel, frère du lieutenant-général de ce
nom, en fait autant, et avec plus de violence encore; enfin, un médecin, nommé Eugène Blanc,
s'associe à cette manifestation séditieuse par ses
paroles et par ses actes. Une grande agitation s'en-
suit, et la générale bat dans les rues de Ferney,
par ordre du maire, M. Durand.

Le parquet de Gex, de son côté, ne resta pas
inactif, et trois mandats d'arrêt furent décernés, desquels deux seulement purent avoir leur effet, le colonel Chastel ayant fui à l'étranger, dont la frontière
était si rapprochée. Une information se fit, sous ma
direction, au Tribunal de Gex, contre MM. Elisée
Lecomte, Eugène Blanc et Chastel, qui furent ren-

voyés devant la Cour d'assises de l'Ain, savoir : les deux premiers en état de prise de corps , et le dernier en état de contumace , pour excitation à la haine et au mépris du gouvernement du Roi , cris séditieux , etc.

Ce n'était pas manquer d'énergie , ni même , on en conviendra , d'un certain courage , que de procéder ainsi au milieu d'une conflagration naissante, dont il n'était donné à personne de prévoir l'issue définitive. Des menaces , qui me furent adressées par lettres anonymes , me donnèrent d'ailleurs la mesure de l'irritation qu'avait soulevée , dans le parti républicain , la conduite du ministère public de Gex.

C'est M. de Latournelle , alors substitut à la Cour royale de Lyon, et dont la fortune est devenue si brillante depuis , qui porta la parole aux assises de Bourg dans cette affaire , sur laquelle l'attention publique s'était fixée.

Le jury déclara la non culpabilité des deux accusés présents , qui furent mis en liberté. Quant au colonel Chastel , jugé par la Cour seule à raison de sa qualité de contumax , il fut condamné à deux ans d'emprisonnement, 100 fr. d'amende et aux frais.

XIV.

Quelques mois après , ayant fait un voyage à Paris pour affaires personnelles , j'en profitai pour aller présenter mes hommages à M. Persil , alors ministre de la justice , et j'en reçus l'accueil le plus distingué. Dès que l'huissier de service m'eut annoncé : « Ah ! Monsieur le procureur du Roi de Gex , s'écria-t-il , je suis bien aise de vous voir, car j'aime les fonctionnaires intelligents et énergiques , et vous avez été l'un et l'autre dans deux graves circonstances. C'est bien , c'est très-bien de votre part ; recevez-en mes félicitations. »

Il prononçait encore quelques paroles dans ce sens , quand tout-à-coup entra dans le cabinet où nous étions le chef de la division des cultes qui, comme aujourd'hui , faisaient partie du ministère de la justice. Il était accompagné d'un commis qui tenait une énorme masse de papiers à faire signer au ministre. Je crus qu'il était convenable de me retirer , et je me disposais à le faire lorsque M. le garde-des-sceaux , apercevant mon mouvement : « Non , restez, Monsieur le procureur du Roi , me dit-il, car j'aurai à vous parler de quelque chose. »

Je demeurai donc assis au coin du feu, tandis qu'il signait à la hâte les papiers que le commis poussait successivement devant lui. Tout en signant, il m'adressait quelquefois la parole, et toujours en termes fort obligeants. C'est ainsi qu'il me raconta qu'il avait dernièrement choisi pour jugè de paix à Ferney le candidat que j'avais fait figurer en première ligne sur ma liste de présentation, et cela malgré de puissantes recommandations qui s'attachaient à l'un des deux autres candidats. Il avait répondu à ces solliciteurs en crédit que leurs démarches étaient inutiles, « attendu que le procureur du Roi de Gex, qui possédait toute sa confiance, lui avait demandé la nomination d'un autre sujet à cet emploi, et qu'il n'avait pas cru devoir la lui refuser (1). »

(1) En rentrant à mon hôtel, j'y trouvai la confirmation de ce que M. Persil venait de me dire ; c'était une lettre du nouveau juge de paix de Ferney lui-même, laquelle était ainsi conçue :

« Monsieur,

» Je viens d'apprendre par la voie des journaux ma nomination à la justice de paix de Ferney, et comme c'est à vous seul que je dois cette faveur, je m'empresse de vous en faire mes sincères remercîments et de vous en témoigner toute ma reconnaissance. Je ne m'attendais pas à un résultat aussi heureux, et, voyant combien mes compétiteurs se démenaient auprès de ces hautes sommités qui, en pareille circonstance, font la pluie et le beau temps, j'avais pris le parti de laisser aller les choses. C'est à vous seul que je me suis adressé et n'ai pas fait d'autres démarches depuis que vous avez bien voulu m'inscrire au nombre des candidats.

» Agréez, Monsieur, etc.

» *Signé* JACQUEMIER. »

M. Jacquemier est encore aujourd'hui juge de paix à Ferney.

Dès que le ministre eut fini de signer , ce qui dura un quart d'heure ou vingt minutes, il retourna son fauteuil du côté de la cheminée et reprit la conversation avec moi. « En témoignage de ma satisfaction , me dit-il , j'avais obtenu de Sa Majesté votre nomination à la place de président du Tribunal de Trévoux , siége qui , par sa grande proximité de Lyon , devait vous convenir. Mais , avant de rendre ce choix officiel , j'ai dû m'assurer si M. Perrier , auquel vous succédiez , acceptait sa promotion au poste de conseiller à la Cour royale de Lyon , que renfermait la même ordonnance. Malheureusement ce magistrat, par suite d'engagements pris avec les électeurs qui l'avaient envoyé à la Chambre , s'est cru forcé de refuser cette dernière position , en sorte que je n'ai pas pu faire pour vous ce que je désirais. » J'exprimai alors à M. Persil toute ma reconnaissance au sujet de ses bonnes intentions , en l'assurant que c'était déjà beaucoup pour moi qu'il m'eût jugé digne d'être président. — « Oui , mais pour moi ce n'est pas assez , Monsieur , reprit-il d'un ton tout-à-fait bienveillant , et j'aurais voulu pouvoir faire réellement quelque chose en votre faveur.... Au reste , il ne tiendra pas à moi que vous n'obteniez une fois ou l'autre la récompense de vos bons services. » Je pris alors congé de lui, et il me reconduisit jusqu'à la porte de son cabinet , ce qu'il faisait rarement.

XV.

Revenu à Gex plein de confiance et d'espoir, je
m'efforçai de ne pas déchoir, dans l'exercice de mes
fonctions , de la conduite qui m'avait valu un si
flatteur assentiment de la part du chef de la magistrature en France , et les occasions s'en représen-
tèrent bientôt.

Un jour , le maréchal-des-logis de gendarmerie
à la résidence de Gex vient me prévenir que la
marquise de Larochejacquelein, condamnée à mort
pour sa participation à l'insurrection de la Vendée,
est descendue à l'hôtel de la Poste , où il la fait
surveiller par ses gendarmes jusqu'à ce qu'il ait
pris mes ordres. Il m'assure l'avoir parfaitement
reconnue , malgré son déguisement et le faux nom
de Mme Duvergier inscrit sur son passeport , et me
demande si ce n'est pas devant moi qu'il doit
l'amener. Mais je juge sur-le-champ que cette
capture serait une source d'embarras pour le
gouvernement , et j'invite le sous-officier à ne
pas faire semblant d'avoir reconnu la fugitive.
Celui-ci m'objecte que les ordres du ministre de
l'intérieur sont formels dans le sens de l'arrestation , puisque le nom de Mme de Larochejacquelein se trouve sur la feuille des *Signalements* ;

il ajoute que ses gendarmes étant eux-mêmes au courant de la chose, il pourrait se compromettre en n'agissant pas suivant les injonctions ministérielles. Mais je lui réponds vivement que je prends sur moi la responsabilité de cet acte, et lui remets en même temps un écrit que je venais de tracer pour dissiper toutes ses inquiétudes à cet égard.... Deux heures après, la Vendéenne contumace était rendue à Genève.

Le rapport que j'adressai, à ce sujet, au garde-des-sceaux (car il m'avait invité à correspondre directement avec lui) me valut une complète approbation de sa part, et je fus loué « du tact et de l'esprit de discernement qui m'avait dirigé dans une conjoncture où il m'eût été impossible d'en référer à aucun supérieur. »

Mais une circonstance, d'une portée plus haute encore, devait quelque temps après exciter toute ma sollicitude.

Le prince Louis-Napoléon vint avec sa mère, la reine Hortense, habiter Genève. C'était au printemps de 1835. Déjà quelques bruits relatifs à son projet insensé de se frayer un chemin au trône de France circulaient dans le public, et je dus en faire mon profit pour surveiller plus attentivement ses démarches, dont j'étais au reste parfaitement informé par suite de mes rapports avec le lieutenant de police et le procureur-général de Genève. J'appris

qu'il faisait souvent, en compagnie de plusièurs
de ses amis, et presque toujours déguisé, des
excursions sur la frontière française en différents
endroits, mais plus particulièrement du côté de
Ferney. Je dus dès-lors me poser cette question :
Qu'y aurait-il à faire au cas où le prince et sa
mère viendraient à franchir la limite des deux Etats
et à pénétrer en France ?

Mais cette fois du moins j'avais le temps de consulter le gouvernement, et c'est ce que je fis en effet.
La réponse que je reçus de M. le garde-des-sceaux,
réponse tracée de sa propre main, était conçue en
ces termes :

« Paris , le 9 avril 1835.

« Monsieur le procureur du Roi, je n'aperçois pas les incon-
vénients qu'il y aurait à se conduire aujourd'hui comme on l'a fait
en 1829 vis-à-vis de Marie-Louise. Si l'ancienne reine Hortense
et son fils venaient braver sur notre territoire les autorités françaises, je serais le premier à vous inviter à faire sévèrement exé-
cuter la loi ; mais lorsque vous annoncez vous-même que ce ne
serait qu'*incognito* et sous quelque déguisement qu'ils satisfe-
raient à une curiosité presque légitime (1), je pense que ce qu'il
y aurait de mieux à faire, ce serait de fermer les yeux et de
paraître l'ignorer.

» Agréez, Monsieur le procureur du Roi, l'assurance de ma
haute considération.

» Le Garde-des-sceaux, ministre de la justice et
des cultes,

» Signé C. PERSIL. »

(1) J'avais écrit au ministre que le prince Louis-Napoléon et sa mère
manifestaient hautement le désir de visiter l'ancien château de Voltaire.

Fort de ces instructions, j'en transmis d'analogues aux divers fonctionnaires sur lesquels j'avais autorité, ainsi qu'au commandant de la gendarmerie, en les invitant toutefois à m'instruire immédiatement de l'entrée du neveu de l'Empereur sur mon arrondissement, si elle venait à s'effectuer.

Peu de jours après, je reçus avis qu'une grande calèche, contenant deux dames et plusieurs messieurs, avait paru à Ferney, et que tout ce monde était allé visiter l'ancienne habitation de l'auteur de la *Henriade*. La reine Hortense était l'une de ces dames, et la seule précaution qu'elle eût prise pour se cacher, avait été d'abaisser un voile vert sur sa figure. Quant au prince son fils, il avait eu recours à un travestissement qui n'était peut-être pas du meilleur goût ni d'une bien grande noblesse ; car il s'était constitué l'automédon du véhicule, avec le costume obligé : grosses bottes montantes, redingote à brandebourgs et tricorne galonné, ce qui ne l'empêcha pas néanmoins d'être reconnu par l'œil clairvoyant de la gendarmerie, qui m'en instruisit aussitôt. Mais ni lui ni sa mère ne furent inquiétés, et ils purent, le soir, après un bon repas à l'hôtel de *la Truite*, regagner tranquillement Genève, certains sans doute d'avoir mis en défaut la surveillance de l'autorité française.

XVI.

Il faut que je retourne un peu en arrière pour parler d'un fait qui n'émanait pas de moi, mais dont je fus plus tard , comme on le verra , forcé de m'occuper.

Le commandant du fort de l'Écluse fut , en plein exercice de ses fonctions, arrêté pour dettes et conduit dans les prisons de Gex. C'était un chef de bataillon décoré de plusieurs ordres et portant un nom connu dans les fastes militaires, mais ayant des habitudes de dissipation et des goûts de sensualité qu'il trouvait encore moyen de satisfaire dans l'austère résidence qui lui avait été assignée ; car il y donnait assez souvent des dîners et même de jolies fêtes. En outre , des parties de plaisir , organisées par lui et présidées par une personne qui vivait dans son intimité et en était le principal objet , avaient quelquefois lieu dans les campagnes environnantes. Tout cela occasionnait naturellement des dépenses auxquelles ses modiques appointements ne pouvaient suffire, en sorte qu'il se vit bientôt harcelé par de nombreux créanciers, dont plusieurs obtinrent contre lui la prise de corps. L'huissier porteur du jugement épia longtemps celui qu'il devait capturer et qui se tenait soigneusement blotti dans son fort ; mais enfin la prudence habituelle aux débiteurs en retard l'abandonna un jour , et , regardant comme sans conséquence une petite sortie hors de son ermitage bastionné , il se hasarda jusqu'à Collonges , où c'était fête patronale. Bien mal lui en prit , car l'homme de la loi, assisté de ses recors, exécuta son mandat sur sa personne (1), malgré les cris : *A moi, soldats!* qu'il se mit à pousser en apercevant quelques militaires que la fête avait attirés dans le même village. Placé dans une voiture qu'on tenait toute prête , il fut amené à Gex.

Cette affaire , purement civile de sa nature , ne rentrait en rien dans ma compétence ; mais la qualité du débiteur incarcéré éveilla la susceptibilité de l'autorité militaire supérieure , qui s'adressa à moi pour me demander de faire cesser ce qu'elle appelait une illégalité flagrante , « parce que, disait-elle , le commandant d'un fort ne saurait être privé de sa liberté sans que les plus graves intérêts de l'Etat

---

(1) L'huissier auteur de ce hardi coup de main s'appelait *Serraboquet* , nom passablement original et qu'on dirait appartenir à la comédie. Un de ses confrères du temps passé a mérité que Racine fît dire de lui dans les *Plaideurs* :

> Il vous eût arrêté le carrosse d'un prince,
> Il vous l'eût pris lui-même....

Mais il faut convenir que celui dont je parle l'a encore emporté sur le père de Petit-Jean, car un prince est souvent moins redoutable que le commandant d'un fort.

n'en soient atteints. » Je répondis que je regrettais que ce commandant se fût mis dans le cas d'être appréhendé au corps, mais que, préposé à l'exécution des lois, je ne pouvais moi-même en devenir le violateur, et que je le serais en faisant élargir un homme emprisonné selon toutes les règles voulues par le Code de procédure civile ; car j'avais attentivement examiné l'écrou. J'ajoutai qu'il ressortait de là un grand enseignement, à savoir que chacun est tenu de payer ses dettes, et qu'il ne doit pas y avoir de position sociale qui dispense d'avoir de la délicatesse et de pratiquer la probité. L'affaire en resta là, et l'officier épicurien expia par quatorze mois de captivité et la perte de son emploi la fantaisie qu'il avait eue de transformer, aux dépens d'autrui, une forteresse en un lieu de plaisirs et de bonne chère.

Mais voici un événement où mon ministère fut plus directement intéressé.

Le curé de Gex, M. Guillot, qui avait immédiatement succédé au célèbre doyen de Varicourt, mort depuis évêque d'Orléans, vint à mourir. Son premier vicaire, M. Fromont, était tellement aimé de tous les paroissiens, que sa nomination à la cure vacante fut demandée d'une voix unanime à l'évêché ; mais Mgr de Belley crut, dans sa sagesse, devoir donner une autre destination à cet ecclésiastique, et, comme il craignait avec quelque raison

qu'on ne s'opposât à son départ, un des grands-
vicaires du diocèse fut dépêché par lui pour enlever
le prêtre pendant la nuit, ce qui eut lieu en effet.
Le lendemain, le peuple, apprenant la chose, fut
en proie à une véritable exaspération ; des placards
menaçants furent affichés dans la ville, et une foule
considérable se porta aux abords de l'église et dans
le cimetière en criant à la trahison et demandant
qu'on lui rendît M. Fromont, sinon qu'elle renver-
serait l'église et le presbytère. Les femmes, comme
on le pense bien, se trouvaient en majorité dans ce
rassemblement insurrectionnel, mais ce n'est pas
à dire pour cela que le danger en fût moindre, car
qui ne sait, selon l'expression du poète,

Furens quid femina possit !

Je me transportai immédiatement sur le théâtre
de ces désordres et cherchai à ramener cette foule
égarée, mais sans beaucoup de succès, car je ne
tardai pas à entendre de violents coups de marteau
et de levier appliqués contre les parois extérieures
de l'église. Voyant que mes paroles se perdaient
au milieu du vacarme, et entendant déjà s'ébranler
la principale porte de l'édifice religieux, je m'élan-
çai sur le perron et me collai contre l'entrée de la
serrure, dans laquelle on avait introduit une forte
broche en fer destinée à la faire sauter. « Otez-
vous de là, Monsieur le procureur du Roi, me

crièrent plusieurs voix qui paraissaient furieuses, ou il vous arrivera malheur.—Non, je ne m'en ôterai pas, répondis-je avec force, et si vous persistez dans vos projets sacriléges, je m'ensevelirai sous les ruines que vous allez faire, et vous aurez deux crimes au lieu d'un à vous reprocher. »

Jamais peut-être je ne jugeai mieux qu'alors combien la résolution d'un seul homme est puissante sur une multitude agitée ; car dès ce moment tous les yeux, comme obéissant à une espèce de fascination, se fixèrent sur moi, tandis que, par une conséquence assez naturelle, les mains restaient inactives. Je profitai de cette trève inespérée pour adresser à la foule une courte allocution que je terminai par ces paroles : « Malheureux ! vous vous dites catholiques et vous voulez renverser une église ; que feriez-vous donc de plus si vous étiez des protestants ? »

L'effet de ce dernier mot surtout fut électrique, je puis le dire, et l'émeute cessa sur-le-champ d'exister ; il n'y eut plus que des hommes et des femmes réunis en assez grand nombre et discutant ensemble sur les moyens légaux à employer pour obtenir la nomination du vicaire en question à la cure de Gex. C'est que j'avais touché la corde secrète qui vibrait encore au fond de tous ces cœurs exaspérés, celle de la religion ; c'est que j'avais remis d'un seul coup en mémoire à tous ces gens les démolitions d'églises et les bris de vases sacrés dont leurs ancêtres avaient eu à souffrir de la part des sectateurs de Calvin , et ce souvenir mettait un frein à leur colère et changeait instantanément leur délire en raison.

Une femme, qui s'était conduite comme une vraie furie dans cette circonstance et avait été la principale instigatrice des troubles, fut par moi traduite en police correctionnelle , mais acquittée, les juges ayant pris en considération l'espèce d'aliénation qui s'était emparée de son esprit.

Informé de cet événement dans tous ses détails, M. le procureur-général m'adressa la lettre suivante :

« Lyon, le 18 septembre 1835.

» Monsieur le procureur du Roi ,

» Votre conduite dans les scènes affligeantes dont votre ville vient d'être le théâtre , à l'occasion d'un vicaire , est digne d'éloges. Je n'ai pas d'instructions à vous donner pour en prévenir le retour , persuadé qu'il n'aura pas lieu. Je n'attache pas une trop grande importance à des événements de cette nature ; mais, dans mon opinion , l'autorité ne doit rien accorder à des exigences manifestées par des rassemblements populaires , devenus trop fréquents de nos jours et qu'on ne saurait trop réprimer.

» Recevez, Monsieur le procureur du Roi , l'assurance de ma considération distinguée.

» *Le Procureur-Général* ,
» Signé DUPLAN. »

Je me trouvai suffisamment payé de mes efforts
par cette lettre d'un chef qui m'avait toujours
accordé justice plutôt que faveur. Quant à la
réflexion qu'il ajoute qu'il « n'attachait pas une
trop grande importance à des événements de cette
nature, » il faut sans doute l'expliquer par ceci,
qu'étranger au pays de Gex, il ignorait combien
est vif et prompt le caractère de ses habitants, qui
pourront se porter, dans un moment de colère,
à des actes dont ils se repentiront certainement
ensuite. D'ailleurs, les questions religieuses ont
toujours plus ou moins de gravité dans une contrée si voisine de la métropole du protestantisme.

XVII.

J'ai dit en commençant cet écrit que le pays de
Gex avait bien des charmes à mes yeux et que je
désirais intérieurement d'en faire ma seconde
patrie. Ce souhait, d'abord vague et inconsistant
comme tout ce qui émane d'un premier mouvement de l'âme, se transforma pour moi en agréable
réalité. Mlle Rouph de Varicourt, nièce du président du Tribunal et petite cousine de cette Reine de
Varicourt, surnommée *Belle et Bonne* par Vol-

taire, qui la maria au marquis de Villette, avait attiré mon attention par des qualités aimables et solides à la fois : je la demandai en mariage à son père et fus assez heureux pour obtenir sa main. Le jour de notre union fut le 19 janvier 1836... *Dies albo notanda lapillo.*

Mais si ma félicité d'homme s'accrut par-là , en revanche , ma carrière de magistrat s'en trouva atteinte ; car la loi du 20 avril 1810 prohibe (art. 63) la parenté ou l'alliance jusqu'au degré d'oncle et de neveu inclusivement , entre les magistrats d'un tribunal composé seulement de trois juges , sans que , dans ce cas, aucune dispense puisse être accordée par le Roi. Je m'étais donc exclu moi-même des rangs de la magistrature et avais ainsi donné l'exemple de l'ambition cédant à l'amour , exemple peu contagieux du reste , surtout dans un siècle aussi positif que le nôtre.

Cependant , les magistrats supérieurs voulurent bien fermer les yeux sur cette irrégularité , et je fus censé faire toujours partie du Tribunal de Gex jusqu'à ce qu'une autre destination m'arrivât.

Quelques mois se passèrent de la sorte, pendant lesquels je cessai d'habiter Gex, afin de ne pas avoir à exercer par moi-même des fonctions dont le titre me restait sans doute , mais où ma signature eût pu produire des nullités. Ce fut M. Mercier , alors substitut près ce siége et aujourd'hui substi—

tut à Lyon, qui dirigea à ma place un parquet dont on a vu que la gestion n'était pas sans difficultés.

Enfin, je reçus avis que, par ordonnance en date du 24 avril 1836, j'étais nommé procureur du Roi à Nantua. C'est à M. Sauzet, mon illustre ancien condisciple au Lycée de Lyon, que j'étais redevable de cette nouvelle position, qui me rattachait à la magistrature prête à m'échapper. Qu'il en reçoive ici mes justes remercîments.

XVIII.

A peine étais-je installé dans ce poste, que je fus frappé des maux que causait l'usure ouvertement pratiquée dans la ville et dans l'arrondissement de Nantua. Beaucoup de familles de cultivateurs ruinées, d'autres contre lesquelles des poursuites commençaient déjà et dont les chefs recouraient à des emprunts par effets de commerce pour retarder une catastrophe qu'ils rendaient par-là plus dommageable encore pour eux ; enfin, un canton tout entier (celui de la Combe-du-Val) réduit à n'avoir plus, pour ainsi dire, un seul habitant propriétaire du sol qu'il tenait de ses ancêtres ni de la maison où il résidait avec sa famille ; tout cela , en me causant une véritable peine , m'inspira la résolution d'y porter remède autant qu'il dépendrait de moi.

Je cherchai donc à découvrir les individus qui étaient dans l'habitude de prêter à des intérêts usuraires , et je parvins , non sans peine , à en trouver un certain nombre. Alors je les fis citer successivement devant le Tribunal correctionnel, et obtins contre la plupart d'entre eux de sévères condamnations. La terreur se répandit bientôt parmi tous les gens peu délicats qui n'avaient pas craint jusqu'alors d'exercer, avec profit et sans danger , cette coupable industrie, et je sus que beaucoup avaient eu soin de désarmer leurs débiteurs, en leur relâchant volontairement ce qu'ils avaient perçu d'eux au-delà du taux légal. C'était , en prévenant l'action de la justice à leur égard , prouver qu'elle avait produit un salutaire effet et donner même satisfaction à la morale publique blessée ; mon but se trouvait donc atteint.

Mais ceux que j'avais fait condamner tenaient souvent, quelquefois même en ma présence, des propos qui semblaient prouver que ma tâche n'était pas encore complètement remplie. De plus grands prévaricateurs en ce genre existaient , disaient-ils , mais on n'osait les atteindre , car *les gros échappent toujours* , tandis qu'eux , petites gens , avaient payé pour les autres. C'était, comme on voit, la traduction en langage vulgaire du fameux *Dat veniam corvis, vexat censura columbas* du satirique latin.

Jaloux d'accomplir mon devoir jusqu'au bout, j'attendis que quelqu'un de ces fripons éminents me fût déféré par une de ses victimes, pour montrer que le ministère public français ne recule devant rien, si ce n'est devant l'innocence.

Cette éventualité se réalisa bientôt.

Dans le cours d'une instance civile qui se déroulait devant le Tribunal, il fut articulé, en pleine audience, par la partie défenderesse que, si elle était réduite à disputer les restes de sa fortune à son riche adversaire, c'était parce que celui-ci, abusant de sa position, lui avait fait souscrire des engagements prodigieusement usuraires. Cette révélation était trop importante pour que le parquet ne s'en émût pas. Aussi en fut-il immédiatement demandé acte par M. Romany (1), mon substitut, qui tenait l'audience, et le jour même dressai-je mon réquisitoire à fin de poursuites.

A cette nouvelle, grande rumeur dans la ville, où l'inculpé occupait une position assez considé-

______

(1) J'étais heureux d'avoir pour collaborateur ce jeune magistrat en qui je trouvais réunis talent, fermeté et excellent caractère. Il me quitta pour devenir procureur du Roi à Sartène en Corse, poste dangereux, où le courage ne lui faillit pas. Après être rentré sur le continent comme procureur du Roi à Bazas et avoir été substitut à Marseille, il est aujourd'hui à la tête du parquet de Castellane.

rable, étant à la tête d'une maison de banque, ou soi-disant telle, qui faisait beaucoup d'affaires. On doutait presque que la chose fût réelle, tant on s'était accoutumé à regarder le chef de cette maison comme supérieur aux coups de la justice.

Cependant, la procédure commença et se poursuivit, nonobstant tous les efforts tentés pour la faire abandonner dès le début ; elle s'enfla successivement jusqu'à produire un énorme dossier ; car plus de cent témoins furent entendus, qui presque tous révélèrent des faits bien caractérisés à la charge de l'inculpé ou plutôt des inculpés, puisque deux autres individus, présumés ses associés, avaient été postérieurement compris dans les poursuites. D'après cela, je crus devoir requérir le renvoi de tous les trois devant la police correctionnelle, renvoi qui fut effectivement prononcé par la chambre du conseil.

Le jour des débats arrivé, une foule immense se porta au Tribunal, et en suivit le cours avec une attention qui ne s'affaiblit pas durant les trois longues audiences que prit l'affaire. C'est donc devant un auditoire qui rappelait ceux des tribunaux de grandes villes, que je soutins la prévention avec une certaine chaleur intérieure, puisée dans la profonde conviction où j'étais du service par moi rendu à la société. Je demande la permission de reproduire ici la fin de mes conclusions :

« On aura beau, Messieurs, dis-je, équivoquer sur ce qu'on doit positivement entendre par opérations de banque, la conscience publique fera justice de subtilités contraires à la droite raison et de doctrines funestes à la morale. Les banques véritables sont celles qui tendent à accroître la prospérité générale en prêtant des ailes au commerce, et non celles qui introduisent la misère au sein des familles. Vainement l'infortuné laboureur, chassé de l'héritage de ses pères et réduit à mendier son pain, viendrait-il se plaindre de son adroit spoliateur; d'après le système des prévenus, on serait fondé à lui répondre : Vous avez été ruiné, c'est vrai, mais vous l'avez été par suite d'opérations purement commerciales ; oui, commerciales, entendez-vous bien, et sans que vous vous en soyez douté vous-même. Celui que vous voyez maintenant revêtu de vos dépouilles exerce une des plus belles professions de la société ; il marche l'égal des premiers de la ville, il a droit à l'estime de ses concitoyens ;..... c'est un banquier ! Amère dérision qui pourrait porter le pauvre habitant des campagnes à maudire l'état social, et à lui faire considérer une de ses institutions comme une espèce de coupe-gorge existant sous la protection de l'autorité, dans le but de ravir le bien des gens simples et honnêtes.

» Pour nous, sentinelle avancée de la loi et

gardien de la morale publique , nous tiendrons
un autre langage : Malheureux ! dirons-nous à
ceux que nous verrions tentés de se lancer dans des
opérations dont il leur est impossible de saisir toute
la portée ; vous ne voyez donc pas à qui vous avez
affaire ? Ces hommes qui vous sourient et qui
étalent à vos yeux des sacs pleins d'or , en vous
invitant à y puiser sans crainte , vous feront payer
cher plus tard leurs offres fallacieuses ; mieux vau-
drait pour vous que votre main se séchât, que d'y
puiser une seule fois !... Sachez donc , puisque
vous l'ignorez encore malgré tant de catastrophes
qui auraient dû être pour vous de salutaires aver-
tissements , sachez que ces hommes cupides dévorent
en espoir votre substance , et qu'ils ont à leur disposition un arsenal de tromperies empreintes d'un
vernis de légalité , pour arriver promptement et
sûrement à leurs détestables fins. C'est sur vous
qu'ils se reposent du soin de fournir à leurs goûts
somptueux , à leurs parties de plaisir , à l'achat de
leurs riches ameublements , choses de première
nécessité dans ce siècle de luxe , d'ambition et
d'égoïsme. Le fruit de vos sueurs , le résultat de
vos pénibles économies , ce qui vous a tant coûté
à gagner et à conserver , tout ira là. Et lorsque
votre ruine sera complète, n'espérez pas, nouveaux
Lazares , de voir tomber jusqu'à vous quelques

miettes du festin de ces mauvais riches ; oh non !
l'usure est comme la mort :

> » La cruelle qu'elle est , se bouche les oreilles ,
> » Et nous laisse crier. »

Je conclus ensuite à 80,000 fr. d'amende contre
les prévenus , en déclarant toutefois m'en rapporter
au Tribunal à l'égard de l'un d'eux', dont la qualité
d'associé ne m'avait pas paru suffisamment établie
par les débats qui venaient d'avoir lieu.

Un avocat du barreau de Bourg , Me Guillon ,
qui était venu prêter l'appui de sa parole aux prévenus , s'acquitta de cette tâche avec autant d'ha-
bileté que de convenance , et il obtint leur acquittement.

Mais ce résultat , que je considérais comme une
phase assez prévue du procès , ne me découragea
point , et j'émis immédiatement appel de ce jugement , qui tomba en effet devant les magistrats du
second degré , pour faire place à une sentence plus
en rapport avec les éléments de la procédure. Les
deux prévenus restés en cause s'entendirent condamner à 40,000 f. d'amende et aux dépens.

Pourvoi de leur part en cassation.

Là, où , comme on sait , la forme est tout , le
jugement de Bourg fut annulé pour un vice de cette
nature , et l'affaire renvoyée devant la Cour royale
de Lyon , chambre des appels de police correction-

nelle , d'où sortit une nouvelle condamnation , d'un chiffre inférieur , il est vrai , mais qui n'en consacra pas moins l'opportunité de l'action intentée par le ministère public de Nantua.

Dans cette occasion , je fus , il m'est doux de le dire , vivement appuyé par le parquet de la Cour , alors confié aux mains loyales autant qu'habiles de M. de La Seiglière , cet éloquent procureur-général dont le souvenir vivra longtemps cher et respecté dans ce ressort. J'en avais besoin , car on ne saurait se faire une idée du déchaînement dont j'étais pour cela devenu l'objet et des manœuvres employées pour me faire donner un successeur , qu'on supposait devoir être moins incommode aux usuriers.

XIX.

Nulle part, autant qu'à Nantua, je n'ai eu à sévir contre des hommes placés dans des rangs même de la société ; mais , quelque désagréable et dangereuse même que fût cette obligation , j'ai su la remplir avec fermeté et persévérance.

Ce fut d'abord un notaire qu'il me fallut tra-
duire en justice pour des faits constituant, à mes
yeux , des prévarications dans l'exercice de son
état; plus tard, je dus faire asseoir sur les bancs
de la police carrectionnelle deux jeunes hommes
bien posés dans le monde, qui s'étaient permis
envers un prêtre des actes outrageants; puis, je fus
obligé de requérir contre un avoué que des plaintes
nombreuses et justifiées me signalaient comme
indigne de conserver ses fonctions; j'eus également
à appeler les rigueurs de la loi sur un avocat, juge-
suppléant au Tribunal , qui avait failli aux devoirs
que lui imposait cette double et honorable qualité;
enfin , il n'est pas jusqu'à un chef de ce corps,
militaire et civil à la fois, qui rend tant de services
à la société pour le maintien de l'ordre et de la
sûreté publique , un capitaine de gendarmerie,
commandant l'arme dans le département , que je
ne me sois vu forcé de mettre en prévention pour
délit de contrebande. C'était assez et trop pour
amasser sur ma tête des charbons ardents , des
trésors de colère , comme parle l'Ecriture ; mais
j'aimais mieux mille fois m'exposer à tout ce qui
pouvait s'ensuivre que d'être un lâche procureur
du Roi, rude aux humbles et doux envers les
puissants. Aujourd'hui même encore , que j'ai la
conviction morale d'être tombé devant le résultat
de toutes ces haines influentes se dressant dans

l'ombre contre moi (1), je ne changerais pas mon sort contre celui d'un magistrat qui pourrait se dire : « Je suis resté debout, j'ai même progressé dans ma carrière, mais il y a quelque chose en moi qui se soulève et m'empêche d'être tranquille, car, par ambition ou par peur, je me suis refusé aux exigences de la position. »

Une de ces exigences, qui n'avait pas été la moins pénible pour moi, m'était résultée de la fondation à Nantua d'un journal d'opposition démocratique, le *Patriote de l'Ain*. C'est vers la fin de 1839 que cette feuille commença à paraître, sous la direction et la gérance légales de M. le comte de Moyria-Maillat.

Autre chose est la presse politique dans une grande

(1) J'ai recueilli plus d'un indice à l'appui de ce que j'avance ici ; mais voici un fait qui a toute l'autorité de l'évidence : Rendant un jour visite à M. Feuilhade-Chauvin, alors procureur-général, je lui trouvai un air préoccupé : « Ah ! Monsieur le procureur du Roi, me dit-il bientôt, puisque je vous vois, il faut que je vous fasse part d'une dénonciation qui m'a été adressée contre vous. » — « Une dénonciation, Monsieur le procureur-général ! lui répondis-je avec étonnement, et sur quoi donc peut-elle porter ? » — « Sur des choses qui seraient graves si elles étaient vraies, mais dont je me hâte de vous dire que je ne crois pas un seul mot. Il y a mieux, l'indignation m'a saisi en lisant cette diatribe émanée d'un certain L....., avocat et juge-suppléant dans votre ville, contre un bon et honorable magistrat, et mon premier mouvement avait été de diriger, à cette occasion, des poursuites contre ce misérable ; mais je m'en suis abstenu par un motif de convenance que vous apprécierez vous-même. » Je ne pus que m'incliner, en remerciant mon chef de sa bienveillante équité.

Voilà un procureur-général !

7

ville , autre chose elle est dans un petit endroit.
Car ici , tous étant connus de tous , il résulte de
ces relations , pour ainsi dire forcées , bien des
ennuis pour l'officier du ministère public chargé
de surveiller et , le cas échéant , de poursuivre le
publiciste local. Il vient de le voir dans un salon ,
quelques heures après il dînera à la même table, et il
va requérir contre lui ! Cependant , reculer devant
le déploiement de rigueurs devenues nécessaires par
suite des écarts de celui-ci , serait une faiblesse de
la part du magistrat, et cette faiblesse , tout Nantua
est encore là pour l'attester , je n'ai pas eu à me la
reprocher le moins du monde.

Mon premier soin fut de chercher à me bien
pénétrer de l'esprit du journal, et, lorsque je crus
y être parvenu, je me mis à sonder les dispositions
morales , politiques et religieuses des habitants de
la contrée où il paraissait. Ce travail préliminaire
était , selon moi , indispensable pour me guider
dans la conduite que j'aurais à tenir suivant les
diverses éventualités à prévoir. Ainsi , tel article
sur l'organisation du travail ou l'émancipation des
prolétaires , qui , publié à Lyon ou à Paris, eût
pu provoquer de dangereuses agitations parmi la
classe ouvrière de ces villes , devenait sans conséquence au milieu des montagnards du Haut-Bugey,
uniquement occupés, et le plus souvent encore pour
leur propre compte, d'exploitations forestières ou

d'industrie agricole ; tel autre sur l'incurie du gouvernement à réprimer les jeux de bourse, sur sa prétendue connivence même avec les agioteurs, n'avait pas de portée dans un pays où nul n'avait à souffrir de ce genre d'abus. Enfin, certaines plaisanteries sur la religion, pourvu qu'elles ne dépassassent pas les justes bornes, devaient être négligées, car elles manquaient de prise sur des hommes sérieux, foncièrement attachés au culte de leurs pères, et qui n'étaient en aucune façon tentés d'ouvrir l'oreille aux déclamations des encyclopédistes modernes. Dès-lors, il était sans inconvénient de laisser sur tout cela dormir le réquisitoire vis-à-vis de la feuille en question, et il y en aurait eu à la placer, par des poursuites intempestives, sur une espèce de piédestal où elle eût peut-être été bien aise de se voir élever des mains du pouvoir.

Ces considérations, je les avais soumises à M. le procureur-général Feuilhade-Chauvin, qui les avait approuvées, et nous agissions toujours de concert dans les mesures à prendre au sujet du *Patriote de l'Ain*, qui fut traduit aux assises deux fois seulement dans le cours de son existence ; car je ne parle pas de l'action qui fut intentée à son gérant, pour diffamation, par M. Dufour, rédacteur du *Courrier de l'Ain* ; c'était une affaire privée. De ces deux poursuites, l'une fut suivie de condamnation et l'autre d'acquittement, mais, s'il m'en souvient bien , à la simple majorité du jury , preuve que le chef du parquet de Nantua ne manquait ni de zèle à surveiller cette publication , ni de discernement dans le choix des articles à incriminer. Il serait bien étonnant que ces deux qualités lui eussent plus tard fait défaut en occurrence semblable.

Au reste , et la position qu'on m'a faite m'autorise à le dire , toute la partie saine et intelligente de l'arrondissement approuva sans réserve l'ensemble de mon administration ; elle se plut à reconnaître que j'avais compris mon rôle et le remplissais avec une certaine largeur de vues et en vertu de principes dont la source était haute et pure ; elle proclama que j'avais su éteindre ou du moins diminuer beaucoup le fléau de l'usure qui , avant moi , dévorait la contrée ; maintenir l'harmonie entre les divers fonctionnaires soumis à mon autorité , et apprendre aux officiers ministériels , par des exemples sévères , que la probité n'est pas un vain mot; qu'enfin , le corps si respectable du clergé avait constamment trouvé en moi , sans qu'il en coûtât rien à mon indépendance , protection et appui contre d'injustes agressions. Voilà ce qui s'échappait journellement des bouches les plus honorables du pays , et l'écho de tous ces bruits avantageux pour moi ayant franchi les limites du territoire soumis à ma juridiction , je reçus le plus grand honneur qu'un citoyen puisse mériter. Mes compatriotes

dauphinois jugèrent que je pouvais devenir leur
représentant à la Chambre des députés : leurs suf-
frages m'arrivèrent spontanément, en assez grand
nombre pour donner lieu de penser qu'avec un
peu plus d'ambition et de diligence j'aurais revêtu
le mandat législatif (1).

Cela n'était-il pas suffisant, je le demande, pour
m'inspirer quelque confiance en moi-même et en
mes actes ?

XX.

En abordant la dernière phase de mon existence de magistrat, je ne puis me défendre d'une
de ces émotions qui doivent assaillir le cœur d'un
marin à l'aspect de la plage où son navire a échoué.
Il interroge la tempête, et veut savoir le secret de
ses fureurs dont il fut victime; il regarde au ciel

(1) C'est en 1839 qu'un certain nombre d'électeurs du 4e collége de
l'Isère (Vienne extra-muros) voulurent bien jeter les yeux sur moi pour
la députation. On m'écrivit pour m'engager à me transporter sur les
lieux ; mais ma présence à Nantua était devenue nécessaire, par suite de
quelques menées de l'opposition radicale, et je restai à mon poste. Ce
n'est que l'avant-veille des élections que j'arrivai à Vienne, en sorte que
beaucoup d'électeurs de la campagne ne surent pas même que j'étais sur
les rangs et ne vinrent pas voter. Malgré cela, j'obtins encore 69 voix au
premier tour de scrutin, contre M. de Terrebasse, député sortant, qui
fut réélu.

pour découvrir le point où se forma le premier nuage dont les flancs recélèrent plus tard la foudre qui tomba sur lui et brisa sa fortune. Et moi aussi je tâche de pénétrer au fond de mystères semblables, mais sans espoir d'en être éclairci, car les tempêtes qui se forment dans le cœur humain ont des causes bien autrement cachées que celles qui prennent naissance dans les abîmes de l'Océan, et elles sont plus terribles encore. Navigateur peu habile, mais bien intentionné, c'est ainsi que j'ai fait naufrage.

Mais n'anticipons pas sur les événements.

Vers le milieu de l'année 1843, M. Feuilhade-Chauvin échangea, volontairement ou non, peu importe, sa place de chef du parquet de Lyon contre un siége à la Cour de cassation.

Il eut pour successeur M. Piou.

Quelque temps après son installation, ce dernier magistrat entreprit une visite générale des différents siéges de son ressort, voulant voir par ses yeux, disait-il, comment les parquets étaient tenus et de quelle manière fonctionnaient les tribunaux. C'était là une mesure bonne et utile en elle-même.

Moi, cependant, j'étais à Cessy, près Gex, occupé à consoler une malheureuse famille qui venait de perdre un objet bien cher et bien digne de ses regrets, l'unique sœur de ma femme que la mort avait frappée long-temps avant l'âge fixé par la nature. Mon absence du lieu de mes fonctions était d'ailleurs parfaitement régulière , un congé m'ayant été accordé par le nouveau procureur-général lui-même.

Tout-à-coup le bruit se répand que M. Piou , poursuivant sa tournée , doit arriver dans le jour à Gex ; c'était un dimanche. Je m'y rends aussitôt pour lui présenter mes civilités ; mais il en était déjà reparti. Deux heures lui avaient suffi pour voir tout ce qu'il voulait voir , entendre tout ce qu'il voulait entendre , et encore un jour où les prétoires des tribunaux étaient fermés ! Je jugeai qu'il était expéditif, et j'ai su depuis qu'il en avait agi à peu près de la sorte dans tous les chefs-lieux judiciaires qu'il avait visités.

Il était, me dit-on, descendu à Genève, où cependant expirait son droit d'inspection et de surveillance ; mais Genève est une si jolie ville et l'occasion était si propice pour la visiter !

Je me fais donc conduire jusque dans la cité de Calvin.

Là , j'apprends que M. Piou s'est embarqué , comme le font tous les voyageurs , sur un bateau à vapeur qui doit le transporter à l'autre bout du lac Léman.

Je me décide à attendre son retour.

Sur les cinq heures du soir, le bâtiment s'amarre au quai du Rhône , ramenant à son bord le procureur-général de Lyon, qui se dirige vers son hôtel ;

je le suis. Là , je l'aborde et décline mon nom et
ma qualité. Il m'accueille fort bien et me retient à
dîner , et pendant le repas se montre civil , plus
que cela même ; après , il m'accompagne jusqu'à
ma voiture et me souhaite bon voyage.

Le lendemain matin , une lettre m'arrive ; elle
était de M. Leduc, mon substitut, qui m'informait
que le procureur-général , en passant à Nantua ,
avait vivement critiqué mon administration, qu'il y
avait signalé des vices essentiels et qui exigeaient
une prompte réforme. J'avais peine à en croire mes
yeux , et ne pouvais surtout me faire à cette idée ,
que M. Piou eût chargé mon propre substitut
d'être auprès de moi l'interprète de semblables
observations. J'y voyais non-seulement un procédé
blessant pour moi , mais encore une grave atteinte
portée aux règles si essentielles de la hiérarchie.
Avais-je tort ou raison ? J'en fais juges tous les
procureurs-généraux.

Quel homme est-ce donc que M. Piou ? me dis-je
alors. Tant de politesse à moi présent, après m'avoir
tant blâmé là où je n'étais pas ! Un si grand rigo-
risme envers les autres, et chez lui un si profond
oubli des convenances ! C'est un caractère à part ,
et qui a été omis dans ceux de Labruyère.

J'écris à M. le procureur-général , en lui témoi-
gnant ma douloureuse surprise de tout ce qui s'est
passé.

Sa réponse est polie , et il y atténue beaucoup la sévérité des observations qu'il aurait faites , sur mon compte , lors de son passage à Nantua. « Les irrégularités qu'il a eu à me signaler dans mon administration , m'écrit-il, disparaîtront dès que je le voudrai , et il est convaincu qu'il ne me demandera pas en vain le concours de mon zèle et de mes efforts dans l'intérêt de la bonne administration de la justice. »

Passe pour cela ; c'est un langage modéré et fait pour être entendu d'un magistrat qui comprend et respecte la subordination. Tout pourra donc s'arranger.

Quelque temps après , je me transporte à Lyon et vais rendre visite à ce même procureur-général. Son accueil n'est pas mauvais encore. Ce qu'il me dit n'est guère que la paraphrase de sa lettre , sauf qu'il y ajoute un mot qui me semble bien significatif ; c'est que , dès l'instant où il est venu occuper son nouveau poste , des préventions lui ont été données contre moi. Cela ne m'étonna nullement ; tant de gens avaient intérêt à me desservir ! Mais était-ce bien à un chef aussi haut placé qu'il convenait de prêter l'oreille à ces rapports clandestins ? Il faut aussi que je l'avoue , il me reprocha de trop me livrer aux distractions littéraires. Mais je répondis que la culture des lettres était mon délassement et ma consolation dans mes instants de loisir , sans avoir jamais rien pris sur mes occupations obligées , et je disais vrai.

XXI.

De retour à mon parquet , je songeai à en régler la marche suivant les intentions manifestées par le procureur-général. La correspondance y devint plus fréquente , et des rapports lui furent adressés sur les moindres événements. Son avis fut demandé dans des cas où jusqu'alors le procureur du Roi s'était décidé par ses propres lumières ; enfin , je cédai à mon substitut la tenue des audiences correctionnelles où j'avais, comme mes prédécesseurs, siégé moi-même, pour en prendre une civile, en quoi je ne perdis nullement au change, sous tous les rapports. C'étaient là les principaux points sur lesquels des modifications étaient demandées à ce qui existait au parquet de Nantua. J'avais donc lieu de croire le calme complètement rétabli par l'adoption de ces mesures. On verra plus loin ce qu'il en fut.

Une circonstance grave surgit dans les derniers jours de septembre 1843.

On arrêta à Bellegarde, au moment où il cherchait

à pénétrer en France, et l'on conduisit à Nantua, un individu d'une trentaine d'années, qui paraissait des plus suspects ; il était en proie à une vive agitation et cherchait à s'envelopper de mystère ; sur lui se trouvait une somme assez forte en or et en billets de banque; il prétendait se nommer *Chauvin*. Une lettre qu'on lui saisit devint une importante révélation : la teneur en était telle, qu'il y avait lieu de supposer qu'un complot avait été ourdi contre le gouvernement, et que l'homme dont il s'agit en était un des agents d'exécution. Bien plus, on pouvait induire d'un mot qui lui était échappé dans un moment d'exaltation fébrile (1), qu'une mission homicide lui avait été confiée, celle d'attenter aux jours du prince qu'une loi récente avait désigné comme régent éventuel du royaume, de S. A. R. le duc de Nemours, alors à Lyon pour le camp de Villeurbanne. Ces soupçons seuls appelaient de la part du ministère public d'actives investigations, auxquelles je me livrai tout entier.

Instruit par moi de ces premières données,

____

(1) Le maréchal-des-logis de gendarmerie Biget lui avait enlevé son portefeuille où se trouvaient la lettre dont il vient d'être parlé et plusieurs autres papiers, dont l'inconnu avait intérêt à dérober la connaissance à la justice. Celui-ci en réclamait la restitution avec instance au sous-officier, qui finit par lui dire : « Je vous le rendrai si vous m'avouez franchement pourquoi vous alliez à Lyon.—« Eh bien ! répondit avec une prodigieuse animation l'homme arrêté, j'y allais pour faire un coup à faire parler de moi ! » Il se repentit ensuite de ce propos et chercha à l'expliquer d'une manière invraisemblable.

M. le procureur-général se hâta d'accourir à Nantua. Là, il interrogea lui-même le soi-disant Chauvin dans sa prison; ensuite, nous nous rendîmes ensemble à Bellegarde, où il obtint du sous-officier de gendarmerie, auteur de l'arrestation, des renseignements parfaitement identiques à ceux que je lui avais transmis. Ce fut au retour de cette course que M. Piou me fit l'honneur d'accepter à dîner chez moi, et où il se trouva en compagnie de tout ce que Nantua renfermait de plus considéré, soit en fonctionnaires publics, soit en simples citoyens. Il fut d'une grande politesse envers tout le monde, et envers moi principalement. Le lendemain matin, il revint me voir dans mon domicile, et passa une bonne heure avec moi. Nous causâmes de beaucoup d'objets divers, puis il repartit pour Lyon.

Cependant, je donnai tous mes soins à l'affaire commencée, mais les ténèbres semblaient s'y épaissir en avançant, bien loin de se dissiper. Le procureur-général m'écrivit fréquemment de Lyon à ce sujet, mais aucun des indices qu'il me fournit successivement pour arriver à la découverte de la vérité, ne résista aux investigations dont je les fis suivre; ils s'évanouissaient tour à tour, comme de vains fantômes. Alors, je m'adressai à M. le garde-des-sceaux, qui se plut à encourager mes rapports directs avec lui; il

m'écrivit un certain nombre de lettres , transmis-
sives de renseignements émanés du ministère de
l'intérieur , de la préfecture de police ou d'ailleurs,
et propres à me mettre sur la trace du mystérieux
prisonnier. Je fis en outre un voyage à Genève, où
je m'abouchai avec M. Fœsch , vice-président du
département de justice et police , et M. Turrettini,
substitut du procureur-général de la république ,
de la complaisance desquels j'eus beaucoup à me
louer. Enfin, après de longs et persévérants efforts,
je parvins à savoir toute la vérité sur l'inconnu , et
cette vérité , la voici :

Eugène de M....... , d'une bonne famille de Bordeaux, avait dissipé tout son avoir en débauches
et en folies. Dénué de ressources , il en chercha
dans un art qu'il avait quelquefois pratiqué comme
simple amateur ; il se fit comédien et joua d'abord
sur un théâtre de boulevard, à Paris, puis contracta
un engagement avec le Théâtre-Royal de Bruxelles,
où il remplissait les rôles dits à travestissements.
C'est dans cette capitale de la Belgique qu'il s'affilia
aux sociétés secrètes, particulièrement à celle des
communistes. Un complot contre le gouvernement
français fut organisé dans celle-ci , et les moyens
d'exécution étaient une émeute à Paris (1), tandis

(1) Elle eut lieu en effet , du moins elle commença à se manifester ,
mais fut promptement étouffée. (*Voir les journaux d'alors.*)

que le duc de Nemours serait assassiné à Lyon. Pour l'accomplissement de ce dernier attentat, il avait été tiré au sort entre trois membres de la société secrète, et c'est Eugène de M....... qui avait été désigné. Il se rendit donc à Lyon dans ce but, mais là le cœur lui faillit, et, craignant d'avoir été découvert, il se sauva à Genève. Le surlendemain il en repartit pour Lyon, mais le Dieu qui protége la France ne permit pas que ce meurtrier de prince pût en franchir la frontière !... Voilà ce qu'il en était au plus juste; toutefois, une pleine lumière ne me vint à ce sujet, que lorsque le soi-disant Chauvin était déjà condamné correctionnellement à six mois de prison et cinq ans de surveillance, pour simple vagabondage ; mais le gouvernement, à qui je fis aussitôt part de mes découvertes, ne jugea pas à propos d'y donner les suites qu'elles pouvaient comporter, en quoi il agit bien, selon moi ; car moins on met en relief les ténébreuses menées des partis, plus on rend leurs fureurs impuissantes. Seulement, sur un ordre parti du ministère de l'intérieur, Eugène de M....... fut transféré à Paris.

M. le garde-des-sceaux voulut bien me témoigner sa satisfaction pour tout ce que j'avais fait dans cette circonstance, où je n'avais réellement épargné ni démarches, ni peine, ni dépenses personnelles pour ma course à Genève.

XXII.

Ma position devint alors des plus singulières :
tandis que des choses flatteuses m'arrivaient de la
chancellerie, l'orage grondait contre moi au parquet
de Lyon , et des éclats de foudre m'atteignaient
même parfois sous la forme de lettres d'un style si
acerbe , qu'elles faisaient , on peut le dire , bien
plus de tort à l'homme qui les écrivait qu'à celui
auquel elles étaient adressées.

J'étais un jour livré à d'assez tristes réflexions
sur tout cela , lorsque mon domestique m'annonça
la visite de M. Debelay , curé de Nantua , avec
lequel j'étais dans les meilleurs et les plus agréables
rapports. C'était un ecclésiastique à vues hautes et
droites , en même temps que d'un caractère doux
et plein d'affabilité. Je lui avais confié les ennuis
qui m'étaient suscités , et il y prenait une vive et
sincère part. A peine était-il assis que de cet air
gracieux qui lui est naturel : « Je viens , mon cher
procureur du Roi , me dit-il , vous faire part d'une
grande nouvelle me concernant... Je suis évêque de
Troyes ! » Et en prononçant ces mots , il tira de sa
poche son ordonnance de nomination. Mon premier

mouvement fut de lui sauter au cou et de l'embrasser bien cordialement. « Oui , mais ce n'est pas tout , reprit-il , car il faut absolument que vous assistiez à mon sacre , qui se fera à Paris ; vous y serez comme le représentant de mes anciens paroissiens ; cela me fera plaisir , et vous ne me le refuserez pas , j'en suis sûr. » J'acceptai avec empressement cet honneur , et il fut convenu que je me tiendrais prêt pour l'époque qui me serait ultérieurement indiquée.

Dans le courant de février 1844 , je reçus avis que le sacre aurait lieu le premier dimanche de mars (3 du mois.)

En conséquence , je me pourvus auprès du procureur-général d'un congé de dix jours seulement , et m'arrangeai de manière à ne pas dépasser ce terme. Mais , arrivé à Paris le 2 mars , j'apprends que le sacre est retardé d'une semaine , et renvoyé au dimanche suivant. Que faire alors ? ce que tout autre magistrat eût fait à ma place ; je réclame du ministre de la justice une prorogation de congé , que j'obtiens en effet. Le jour même j'écris à M. Piou pour l'informer de la réception de ce nouveau congé , dont je lui explique que la demande a été motivée par des circonstances imprévues.

L'audience que j'eus à cette occasion de M. Martin (du Nord) me montra ce chef de la justice aussi favorable pour moi de vive voix qu'il l'avait été par écrit. Il fit plus que de me louer de la manière dont j'avais conduit l'affaire Chauvin ou de M......., il m'en *remercia*, et me dit que les découvertes que j'avais faites sur l'inconnu de Bellegarde étaient exactes. Toute sa conversation avec moi fut excellente. En me reconduisant, le ministre me dit d'un ton vraiment affectueux : « Adieu, Monsieur Servan, nous nous reverrons bientôt. » Qui n'eût tiré un bon augure d'un tel accueil ? Mais moi, je n'en conçus que peu d'espoir, convaincu d'abord de la fatalité de mon étoile, et sachant ensuite que mon mauvais génie veillait contre moi à Lyon.

Cependant, la grande cérémonie religieuse, qui m'avait amené à Paris, fut célébrée le 10 mars 1844, à l'église de Saint-Etienne-du-Mont, au milieu d'une foule immense, et avec un appareil et une pompe dignes de son objet. C'est Mgr Affre, archevêque de Paris, qui fut le prélat consécrateur; il était assisté de Mgr de Forbin-Janson, évêque de Nancy, et de Mgr Bonamy, archevêque de Chalcédoine *in partibus*. J'occupais une excellente place dans le chœur, près de l'autel, et pus jouir à mon aise, trois heures durant, d'un spectacle réellement auguste et encore neuf pour moi. Ce me fut surtout un véritable bonheur de pouvoir contempler, revêtu de tous les insignes de sa nouvelle dignité, le prêtre cher à mon cœur qu'un mérite éminent, joint à toutes les vertus évangéliques, venait d'élever subitement, d'une cure de petite ville, à l'un des premiers siéges épiscopaux de France. Le sacre terminé, il y eut un splendide déjeûner servi au presbytère, et auquel assistaient, outre les trois prélats déjà nommés et quelques autres évêques français, plusieurs personnages importants de l'ordre civil, tels que MM. Sauzet, président de la Chambre des députés, Girod (de l'Ain) frères, l'un député et l'autre pair de France; Baude , Mesgrigny, Armand (de l'Aube), députés , etc. Moi, j'étais là pour faire nombre et pour contracter envers M. l'abbé Faudet, curé de Saint-Etienne-du-Mont, dont l'amabilité égale le savoir , une dette non-seulement d'estomac, ce serait un peu matériel , mais encore de cœur pour tous les bons procédés dont il m'a comblé pendant mon séjour à Paris.

XXIII.

Mais il est un proverbe qui dit que les meilleures fêtes ont leur lendemain , et le proverbe ne ment pas. J'étais destiné à en faire l'épreuve.

Un billet m'arrive du cabinet particulier du garde-des-sceaux , pour m'inviter à passer de nouveau , tel jour et à telle heure , à la chancellerie. Le ministre aurait quelque chose à me communiquer.

Je suis exact au rendez-vous.

« Qu'avez-vous donc fait à votre procureur-général , car il est très-irrité contre vous ? » sont les premiers mots que m'adresse M. Martin·(du Nord.)— « Rien, Monsieur le ministre, réponds-je vivement, mais j'ai affaire à un homme méchant et injuste envers moi ! » Et là-dessus, je lui déroule la série des griefs trop légitimes que j'ai contre M. Piou.—Cependant, me dit le garde-des-sceaux, je connais ce magistrat sous de bons rapports. — « Je le crois, Monsieur, vous êtes ministre ! » répliqué-je aussitôt , donnant à entendre par-là que je regarde M. Piou comme un habile courtisan du pouvoir.

Je veux alors savoir ce que ce procureur-général a pu écrire contre moi, et M. Martin (du Nord), qui n'avait pas sa lettre sous la main , m'en rapporte de mémoire la substance. C'étaient toujours les mêmes reproches sur la manière dont je dirigeais mon parquet , sur ce que je cherchais à m'affranchir de la subordination, sur ce que je ne l'informais pas de tous les événements, etc. Mais, avant tout , il se plaignait que j'eusse cherché à braver son autorité en faisant allonger par le ministre le congé primitif qu'il m'avait accordé.

C'était là le point capital. Je cherchai à me justifier, (et le fis victorieusement, suivant moi), de toutes ces accusations passionnées. — « Enfin, quoi qu'il en soit, me dit le ministre, tâchez de ne pas indisposer davantage votre procureur-général contre vous, et retournez à votre poste. — Quand, Monsieur le ministre ? — Mais le plus tôt possible. — Vous révoquez donc le congé que vous m'aviez accordé ?—Non, et vous pouvez en user dans toute sa plénitude, si vous voulez, mais..... — J'en userai, Monsieur le ministre ! » Et en prononçant ces mots d'un ton significatif, je me retire.

J'ai tenu parole, car c'est au jour où mon congé additionnel expirait que je remettais les pieds à Nantua, pas après, mais pas avant non plus : je ne devais rien à M. Piou.

Je ne fatiguerai pas le lecteur de longs détails sur ce qui se passa plus tard entre mon procureur-général et moi, car ce serait d'une affligeante monotonie ; deux mots, en effet, suffisent pour caractériser la situation respective : haine et persécution d'une part ; de l'autre, courage tranquille et résignation à tout ce qui pouvait en arriver de pire, à la perte même d'un état acquis par bien des sacrifices et toujours convenablement exercé.

En vain mettais-je tous mes soins à ce qu'aucune partie du service ne souffrît dans le parquet qui m'était confié ; en vain lui imprimais-je de plus en plus une marche régulière, rapide, intelligente; rien n'y faisait ; le mauvais vouloir du chef croissait toujours. C'était parti pris de sa part.

Aussi, des actes évidemment louables en eux-mêmes devenaient-ils dignes de blâme par cela seul qu'ils émanaient de moi (1). Je me voyais taxer de négligence au moment même où je donnais des gages positifs de mon dévoûment à mes fonctions comme aux intérêts de la société (2). Des pièces que

(1) Exemple : Une fille de mauvaise vie et déjà reprise de justice, nommée Marie Marchand, était poursuivie pour tentative d'incendie d'une maison à Nantua ; mais, comme il arrive presque toujours dans ces sortes d'affaires, les preuves matérielles manquaient contre elle, et il paraissait surtout impossible que le jury se prononçât sans un plan en relief des lieux. Je m'entendis avec M. le juge d'instruction pour faire dresser ce plan par un jeune homme sortant de l'école industrielle de Nantua, et qui, étant bien aise de se faire connaître, ne demandait qu'une somme minime pour ce travail. Nous assimilâmes donc la chose à une simple expertise, comme d'ailleurs cela s'était toujours pratiqué à Nantua, avec l'approbation de tous les procureurs-généraux passés , et l'ordonnâmes nous-mêmes. Mais M. Piou m'écrivit à cette occasion une lettre de son meilleur style, pour me reprocher une prétendue violation du règlement de 1811, qui n'était pas le moins du monde violé en cela. C'est ainsi qu'il récompensait le zèle de deux magistrats ; car le juge d'instruction, à qui je portais malheur, avait, comme je l'ai dit, trempé dans *le crime.*

(2) Exemple : Un nommé Julien Bailly, inculpé de banqueroute frauduleuse, avait pris la fuite et fait en sorte qu'on le crût parti pour l'Amérique ; mais je ne me laissai point tromper par cette ruse et le fis rechercher là où il était réellement, en Algérie. Après une longue correspondance avec le procureur-général d'Alger et plusieurs des procureurs du Roi de son ressort, je viens à apprendre que Bailly a été arrêté à Mascara et qu'il va être dirigé , de brigade en brigade , sur Nantua. J'en informe aussitôt le procureur-général de Lyon. Ses prédécesseurs m'auraient témoigné leur satisfaction à ce sujet , mais il y eut silence complet de la part de M. Piou. Je concevais encore cela, il lui

j'avais envoyées depuis longtemps m'étaient réclamées avec aigreur ; que sais-je enfin ? Tout était mal , tout allait de travers au parquet de Nantua , sur lequel pesait une espèce d'interdit..... Il n'est donc pas nécessaire d'être juste pour remplir de hautes charges de *justice* ?

Le 24 juillet 1845 , une lettre foudroyante m'arrive du parquet de la Cour ; elle était accompagnée d'un réquisitoire à fin de citation de M. Francisque Bouvet , gérant du journal le *Réveil* , devant les assises de l'Ain. Dans la lettre, il m'était reproché de n'exercer aucune surveillance sur la feuille en question , qu'on était obligé de surveiller soi-même , et où l'on avait découvert une énormité anti-religieuse. Je répondis, sans me troubler , que cet article ne m'avait nullement échappé , mais que si , comme homme privé j'en blâmais le sens , comme magistrat je ne le croyais pas incriminable , et que je prédisais d'avance le non succès des poursuites entamées. C'étaient des plaisanteries , assez déplacées du reste , mais sans

en coûtait trop d'avoir à me louer ; mais ce qui m'indigna , c'est que, quelque temps après , il m'écrivit pour me demander *des explications* sur cette circonstance qui lui était, disait-il, révélée par un état du juge d'instruction , à savoir que le dossier de l'affaire Bailly avait été remis entre mes mains et que je n'avais pas encore donné mes conclusions. Je répondis qu'il me fallait attendre que l'inculpé fût arrivé à Nantua pour être interrogé, et j'ajoutai qu'il y avait une grande distance entre Mascara et le siége de mes fonctions. M. Piou ne me témoigna aucun regret de m'avoir accusé de négligence quand je méritais quelques éloges peut-être!

importance véritable , sur le rachat des *petits chinois* au moyen du sou par semaine , et sur la fondation à Paris d'une archiconfrérie de *l'Immaculé Cœur de Marie.*

J'avais été bon prophète. Il y eut acquittement du journal à *l'unanimité* du jury , et après quelques minutes seulement de délibération.

Je laisse à penser quelle dut être , à cette nouvelle , la colère de M. Piou !... *Ira regis terribilis.*

Pendant quelque temps , un grand silence se fit, à l'endroit de moi', au parquet de la Cour ; mais c'était un silence tout gros d'orages. Je le savais , et n'en dormais pas moins d'un sommeil tranquille; ce que c'est pourtant que l'innocence !

Vers la fin d'octobre , ce silence cessa à propos d'un article du même journal sur la guerre d'Afrique , qui fournit au procureur-général un nouveau sujet, d'abord de censure contre le parquet de Nantua , c'était tout naturel, et ensuite d'itérative citation de M. Bouvet en Cour d'assises (1).

---

(1) Cette fois encore le journal de Nantua fut acquitté , et il le fut à l'unanimité moins une voix. L'accusation cependant avait été soutenue avec talent et adresse par un magistrat de mérite , M. de Marnas , substitut à la Cour , qui s'était pour cela transporté à Bourg. Dès ce moment , le *Réveil* acquit plus de consistance ; sa périodicité doubla , et un homme habile dans les luttes de la presse , M. Elisée Lecomte, se retira du *Journal de Genève* pour venir en prendre la direction. Le gouvernement y a-t-il gagné?

Un autre procureur-général m'écrivait il y a quelques années : « J'ai lu le passage du *Patriote de l'Ain* au sujet duquel vous m'avez confi-

J'étais alors éloigné de mon poste ; on se trouvait en vacances. Ce fut donc mon substitut qui essuya la bordée du chef, mais je ne perdis rien pour cela ; car c'est à moi qu'il s'en prit de ce qui avait eu lieu en mon absence, et il exposa au ministre de la justice que, moi restant procureur du Roi à Nantua, la feuille démocratique le *Réveil* pouvait devenir très dommageable à la cause gouvernementale. Ce moyen était de ceux qui ne manquent jamais leur effet. Aussi mon éloignement de Nantua fut-il décidé, et quant à la place qu'il fallait me donner en échange, car on voulait y mettre des procédés, M. Piou se chargea de tirer le ministre d'embarras, c'était celle de juge..... à Montbrison !

Il fut fait suivant ses désirs, et une ordonnance, à la date du 9 novembre 1845, en consacra l'accomplissement officiel.

Les journaux furent les premiers à m'apprendre de quelle manière on avait, sans me consulter, disposé de mon sort. Mais un homme d'honneur

dentiellement demandé mon avis. Il n'est pas plus douteux pour moi que pour vous que cet article est fort répréhensible et révèle les intentions les plus malveillantes de la part de l'auteur ; mais, les attaques étant indirectes, il serait à craindre que, si cette affaire était portée devant le jury, elle n'eût pas de succès. Or, comme en cette matière LES ACQUITTEMENTS SONT TOUJOURS EXTRÊMEMENT FACHEUX ET TENDENT A ENCOURAGER L'AUDACE DE LA MALVEILLANCE, *j'estime qu'il est plus prudent de ne pas, dans cette circonstance, diriger de poursuites contre le journal en question.* » (Lettre du 18 novembre 1839.)

s'appartient toujonrs quand il le veut , et je le voulus. Ma démission suivit immédiatement , et tout fut dit (1).

Au moment où ces choses s'accomplissaient , j'allais entrer dans ma vingtième année de magistrature !...

(1) Un malheur qu'on éprouve dans la position si élevée de ministre , c'est d'être comme forcé de commettre des injustices envers les fonctionnaires que leurs supérieurs immédiats ont , sans motif plausible , pris en aversion. Car il est presque impossible qu'au milieu des grandes et nombreuses affaires qu'on a à traiter, on puisse jeter un regard impartialement scrutateur sur la conduite du fonctionnaire inculpé , pour juger si les reproches dont il est l'objet sont fondés ou non ; et alors qu'arrive-t-il? c'est que, dans l'incertitude où l'on est là-dessus, on obéit , quoique à regret sans doute , au besoin de maintenir la subordination , et que l'inférieur est sacrifié. Je le répète , c'est un malheur que doit déplorer tout ministre honnête homme.

M. Martin (du Nord), que je range certainement dans cette catégorie, a , je pense , éprouvé un sentiment analogue , lorsque , cédant enfin aux obsessions du procureur-général de Lyon , il s'est décidé à prendre , contre un magistrat qu'il avait lui-même *remercié* de sa manière d'agir dans une affaire importante , une mesure qui ne pouvait lui apparaître que sous les couleurs de la disgrâce ; car vainement m'a-t-il fait l'honneur de m'écrire depuis , en m'engageant à retirer ma démission , que je ne devais pas regarder mon changement comme *une marque de défaveur* : il m'eût été difficile de le considérer d'un autre œil, puisque, sans parler de l'insalubrité du climat de Montbrison , dont l'influence avait, à une époque antérieure, si cruellement éprouvé ma santé, cette translation rompait toutes mes habitudes prises et me jetait loin de mes affaires et de ma famille. Je passe même sous silence l'infériorité de la position qu'on voulait me faire ; il est évident, en effet, qu'une place de procureur du Roi est au-dessus d'une place de juge , même dans un chef-lieu judiciaire , à moins que ce chef-lieu ne soit une ville d'une certaine importance , cas qui ne se rencontrait pas ici. Tout le monde sait d'ailleurs que le magistrat avec lequel on me faisait permuter avait reçu mon emploi à titre d'avancement : c'est donc pour moi qu'était le pas rétrograde ; la conséquence est forcée.

XXIV.

M. Piou m'a donc destitué, et cela après m'avoir, deux années durant, abreuvé de dégoûts et d'amertume ; il m'a destitué sans égard pour la longueur de mes services , sans regret d'interrompre une carrière toujours honorablement parcourue , et à laquelle mon âge me permettait de consacrer bien des années encore ; il m'a destitué, lui !...

Et quelle raison si puissante a-t-il pu avoir pour se montrer dur à ce point envers un magistrat qui avait mérité l'approbation et l'estime de tous les procureurs-généraux, ses prédécesseurs? Aurait-il, par hasard , plus de profondeur d'esprit que M. Courvoisier, plus de rectitude que M. Duplan, plus de sagacité que M. Bryon, plus de pénétration et de tact que M. de La Seiglière, plus d'intelligence enfin que M. Feuilhade-Chauvin ?

L'opinion publique a déjà prononcé à cet égard.

S'il faut en croire cette reine du monde, un peu exigeante sans doute , mais équitable au fond, envers les fonctionnaires bien lotis , et qui ne va jamais jusqu'à nier le mérite quand il existe , parce qu'à chaque instant le mérite pourrait lui donner un démenti en se révélant au jour ; arrivé médiocre à Lyon , M. Piou serait resté médiocre. Si c'est là une erreur , une injustice , une calomnie , à lui d'en confondre bien vite l'auteur, qui est le public : on l'attend. Il le doit à son étonnante fortune judiciaire ; il le doit à sa prétention , qui n'est un mystère pour personne , d'arriver soit à la première présidence de Rennes , soit à une place de conseiller à la Cour de cassation ; il se le doit à lui-même. Que désormais , moins absorbé par de petits détails , moins préoccupé de petits événements, il sache voir les choses en grand , comme il convient au chef de la justice militante dans le second ressort du royaume ; que, prouvant plus de tact dans l'incrimination des délits de presse, il cesse de grandir les journaux d'opposition par des poursuites au bout desquelles tout le monde, hors lui, voit d'avance un acquittement (1); qu'au lieu de cette parole sèche, froide , incolore qu'on lui connaît, il fasse entendre une éloquence chaleureuse et émouvante , partant du cœur plutôt que

(1) Depuis quatre ans bientôt qu'il est arrivé à Lyon , M. Piou n'a pas été heureux dans ses affaires de presse ; car, en laissant même de côté ses deux malencontreuses citations du *Réveil* , il a vu le jury lui donner souvent des démentis sur les poursuites qu'il avait cru devoir intenter contre des feuilles de diverse couleur publiées à Lyon , telles que *l'Union des Provinces* , *la Gazette de Lyon* , *le Censeur* , etc. Les condamnations ont été si rares, qu'elles ont fait, il est permis de le dire, exception aux nombreux acquittements qui en ont été le résultat.

Rien n'est si dangereux qu'un imprudent ami !...

de la tête ; qu'il convainque de mensonge ce mot si
piquant et si original à la fois d'un des premiers
avocats du barreau de Lyon, qui, ne trouvant pas
que son talent d'orateur répondît à la beauté de
son geste, ni à la majesté de sa pose à l'audience,
a prétendu que c'*était un oiseau qui battait des ailes,
mais ne s'envolait pas* ; qu'il se montre enfin tel
qu'avant de le connaître, on le supposait d'après
sa rapide élévation (1) ; et alors je serai le premier,
moi sa victime, à reconnaître en lui, à défaut
de paternelle bonté, les qualités intellectuelles qui
font le magistrat supérieur. Mais jusque-là, qu'il
me permette de penser et de dire que tant de
rigueur sied mal à qui lui-même a besoin d'indulgence, et que pour être monté, par l'effet d'un
bonheur dont le secret est à lui seul, plus haut
qu'il n'aurait dû monter, il n'avait pas le droit
de briser une position modeste, bien légitime-
ment acquise.

Adieu, noble magistrature, à qui j'ai consacré
les meilleures et les plus belles années que le

____

(1) Ce n'est que depuis la Révolution de juillet que M. Piou est entré
dans la magistrature. Avocat secondaire au barreau de Saint-Brieuc,
sa patrie, il devint d'abord procureur du Roi à Mayenne, puis avocat-
général à Angers, puis, au détriment de M. Allain-Targé, magistrat
éminent et premier avocat-général en ce siége, procureur-général à
Metz. Transféré de là, en la même qualité, à Douai, il sut se faire bien
venir de M. Martin (du Nord), député de cette ville, qui lui confia le parquet si important de Lyon. Quel chemin en peu d'années, et quel homme
hors ligne il faudrait être pour justifier un tel avancement !

ciel m'ait départies ici-bas , adieu ! Beaucoup
d'ennuis , peu d'agrément , jamais de faveur ,
voilà quel a été mon lot pendant que je t'ai appar-
tenu ; et cependant, je ne voudrais pas , à l'heure
qu'il est , avoir embrassé une autre carrière. Il
est vrai que c'est aux conseils d'un illustre et
bien-aimé vieillard, que j'ai dû d'avoir revêtu
cette toge qu'on vient de m'arracher sans qu'il y
ait eu démérite de ma part, et que ce seul souvenir suffirait pour me la rendre chère ; mais il
est encore une autre considération qui me porte
à m'applaudir de la direction que j'ai donnée
à mon existence.

Dans la plupart des carrières publiques ou des
professions privées , l'homme intellectuel est mort,
pour ainsi dire , celui qui les exerce se trouvant
forcément jeté en dehors de toutes études et spé-
culations philosophiques ; en sorte qu'après une
pratique un peu prolongée de ces états, quand
l'heure du repos a sonné , on retombe lourdement
sur soi-même, privé qu'on est, avant de dormir
son dernier sommeil, d'une source féconde de
distractions et de plaisir. Pour le magistrat, au
contraire , les facultés de l'esprit ont constamment
été tenues en éveil par l'exercice même de ces
fonctions, qui n'ont roulé que sur de grands
objets, l'homme, ses devoirs ; ses intérêts, ses
passions , ses crimes : sublimes et profondes

matières où le penseur et le poète peuvent puiser de fortes inspirations, destinées à éclore et fructifier plus tard, au soleil vivifiant de quelque solitude chérie. Cicéron à Tusculum, Montesquieu à la Brède, d'Aguesseau à Fresnes, n'ont-ils pas continué de servir et d'éclairer leurs semblables, comme ils le faisaient du haut de leurs siéges et sous l'éclatante simarre? N'ont-ils pas surtout joui, dans ces lieux paisibles, d'un bonheur plus pur qu'au milieu du tumulte des affaires et des enivrements du monde?

A bien peu de gens sans doute est réservé l'honneur d'approcher de ces grandes et rares intelligences, mais les plus faibles capacités peuvent entrer dans la voie qu'elles ont si noblement ouverte aux magistrats sortant de charge. Et, à ce dernier titre, je peux et veux, au sein des loisirs qu'on m'a créés, demander à la culture des lettres, non la gloire qu'il m'est interdit de conquérir, non pas même le bonheur, auquel j'ai cessé de me croire appelé, mais quelques consolations qui me sont devenues nécessaires pour combler le vide effrayant qui se fait de plus en plus autour de moi, puisque, sans que la vie ait répondu à mon appel, l'impitoyable mort frappe à coups redoublés sur ma famille.

FIN.

ERRATA.

Page 7, lig. 5 : à cette époque de ma vie , *effacez* de ma vie.
Page 27, lig. 6, *au lieu de* regrettable, *lisez* respectable.
Page 43, lig. 16, lisez ainsi les deux vers cités de Virgile :

Apparet domus intus, et atria longa patescunt :
Apparent Priami et veterum penetralia regum.

Page 64, lig. 2, *au lieu de* spoliée, *lisez* vidée.
Page 65, lig. 13, *lisez ainsi* : Le 2 février 1834, je reçus, etc.

LYON. — IMP. ET LITH. DE VEUVE AYNÉ.